혼합조사, Mixed-Mode Survey

커뮤니케이션이해총서

급변하는 커뮤니케이션 환경에서 새로운 지식에 대한 욕구가 높아지고 있습니다. 이러한 흐름에 발맞추어 하나의 커뮤니케이션 주제를 10개 항목으로 묶어서 달걀 꾸러미처럼 엮었습니다. 사회의 변화를 빠르게 알기 원하는 대중과 시대에 앞선 지식을 단시간에 알고자 하는 연구자, 실무자, 학생에게 도움이 되는 책입니다.

일러두기

- 인명, 작품명, 저서명, 개념어 등은 한글과 함께 괄호 안에 해당 국가의 원어를 병기했습니다.
- 외래어 표기는 현행 어문규정의 외래어표기법을 따랐습니다.

커뮤니케이션이해총서

혼합조사, Mixed-Mode Survey

오승호

대한민국, 서울, 커뮤니케이션북스, 2026

혼합조사, Mixed-Mode Survey

지은이 오승호
펴낸이 박영률

초판 1쇄 펴낸날 2026년 1월 29일

커뮤니케이션북스(주)
출판 등록 2007년 8월 17일 제313-2007-000166호
02880 서울시 성북구 성북로 5-11
전화(02) 7474 001, 팩스(02) 736 5047
commbooks@commbooks.com
www.commbooks.com

CommunicationBooks Inc.
5-11, Seongbuk-ro
Seongbuk-gu, Seoul, 02880, KOREA
phone 82 2 7474 001, fax 82 2 736 5047

ISBN 979-11-430-1810-6 04300

책값은 뒤표지에 표시되어 있습니다.

차례

조사 방법론의 진화

사회과학의 역사는 현실을 더 정확하게 측정하려는 노력의 역사다. 20세기 후반, 전화조사는 무작위 전화 걸기(Random Digit Dialing, RDD)라는 과학적 원리를 통해 여론조사의 황금기를 열었다. 거의 모든 가정이 유선전화를 보유했고, 사람들은 비교적 기꺼이 낯선 사람의 전화에 응답했으며, 이를 통해 우리는 민주주의 사회의 여론을 파악하는 가장 신뢰도 높은 도구를 가질 수 있었다. 하지만 21세기에 들어 이 모든 장점은 심각한 도전에 직면했다. 스팸 전화와 보이스피싱의 범람으로 모르는 번호를 기피하는 문화가 생겨났고, 발신자 정보 표시 기능은 이러한 경향을 가속화했다. 한때 민주적 소통의 평등한 도구로 여겨졌던 전화조사는 이제 특정 계층에게는 닿지 않는 편향된 매체로 전락했다. 응답률은 끝없이 추락했고, 이는 조사 비용을 폭증시키는 동시에 '무응답 편향'의 문제를 심화시켰다. 여기에 더해, 휴대전화가 유선전화를 대체하면서 기존의 표집틀은 더 이상 모집단을 대표하지 못하는 '포함 오류'의 문제에 직면했다. 특히 젊은 층과 1인 가구로 구성된 '모바일 온리' 인구를 포괄할 수 없게 된 것이다. 한때 가장 신뢰받던 도구는 더 이상 모든 사람에게 닿지 않는 '낡은 그물'이 되어 갔다.

그 대안으로 떠오른 웹 조사는 압도적인 비용 효율성과 속도, 멀티미디어 활용의 용이성이라는 수많은 장점을 가졌지만, 태생적인 한계를 안고 있었다. 아무리 인터넷 보급률이 높아져도, 여전히 인터넷 사용이 미숙한 고령층이나 저소득층, 농어촌 거주자를 배제하는 '디지털 격차'는 사회적 약자의 목소리를 원천적으로 배제하는 심각한 포함 오류를 낳았다. 단순히 접속 가능 여부를 넘어, 복잡한 웹 설문을 수행할 수 있는 '디지털 리터러시'의 격차 또한 존재했다. 더 큰 문제는 웹 조사의 참여자 모집 방식에서 비롯되는 '자기 선택 편향'이었다. 불특정 다수에게 참여를 요청할 때, 조사에 자발적으로 참여하는 사람들은 일반적으로 해당 주제에 더 관심이 많거나, 인터넷 활동에 더 적극적이거나, 혹은 인센티브에 더 민감한 사람들일 가능성이 높다. 따라서 이렇게 얻어진 표본은 '전체 국민의 축소판'이 아니라 '온라인 설문에 참여하고 싶어 하는 사람들의 축소판'에 가까워지게 된다.

전화조사는 더 이상 모두에게 닿지 않고, 웹 조사는 모두를 포괄하지 못하며, 전통적인 대면조사는 막대한 비용 문제에 부딪혔다. 이처럼 우리가 사용할 수 있는 어떤 단일한 조사 방법도 '완벽한' 방법이 될 수 없다는 것이 현대 사회조사가 마주한 냉정한 현실이다. 그렇다면 우리는 대표성 있는 여론을 듣는 것을 포기해야 하는가?

이 책은 바로 이 질문에 대한 가장 현실적인 대답으로서 '혼합조사(Mixed-Mode Survey)'를 제시한다.

부분의 합보다 위대한 전체: '빛'과 '그림자'의 조화

혼합조사는 단일 모드의 한계를 인정하는 겸손함에서 출발한다. 어떤 방법론도 완벽하지 않다는 것을 전제하고, 각 방법이 가진 고유한 '빛(장점)'과 '그림자(단점)'를 체계적으로 결합하여 '전체는 부분의 합보다 크다'는 시너지 효과를 만들어 내려는 시도다. 이는 단순히 여러 방법을 기계적으로 섞는 것이 아니라, 어떤 방법이 진실에 대한 독점적 권리를 갖지 않는다는 방법론적 다원주의 철학에 기반한다. 이는 마치 다양한 금융 상품에 분산 투자하여 리스크를 관리하는 '포트폴리오' 전략과도 같다. 조사 연구자는 웹, 전화, 우편, 대면조사 등 다양한 조사 모드로 이루어진 포트폴리오를 구성하여, 특정 모드의 실패가 전체 조사의 실패로 이어지지 않도록 위험을 분산시킨다.

혼합조사가 추구하는 핵심 목표는 명확하다. 첫째는 ‘무응답 감소’와 ‘대표성 극대화’다. 웹 조사에 응하지 않는 고령층에게는 익숙한 전화나 우편으로 다시 참여를 요청하고, 전화 접촉이 어려운 젊은 층에게는 모바일 웹 링크를 보내는 식으로 각자가 선호하는 참여 방식을 제공하여 조사 참여의 문턱을 낮춘다. 이를 통해 단순히 응답자 수를 늘리는 것을 넘어, 특정 모드에 편중되었을 응답자 구성의 다양성을 확보하여 표본이 우리 사회 전체를 더 잘 반영하게 만든다. 둘째는 ‘비용 효율성’이다. 일반적으로 가장 저렴한 웹 조사부터 시작하여 단계적으로 더 비싼 모드를 투입하는 전략을 사용한다. 예를 들어, 먼저 모든 표본에게 저렴한 웹 조사 참여를 요청한 뒤, 여기에 응답하지 않은 사람들에게만 더 비용이 드는 전화조사를 실시하는 것이다. 셋째는 ‘측정의 정확성 향상’이다. 소득이나 건강처럼 민감한 질문은 응답자가 편안함을 느끼는 자기 기입식(웹, 우편)으로 응답하게 하고, 이해가 필요한 복잡한 질문은 면접원의 도움이 있는 조사 방식(전화, 대면)으로 진행하여 데이터의 질을 높일 수 있다.

이 책은 혼합조사라는 복잡하고 정교한 방법론을 10개의 장에 걸쳐 체계적인 로드맵으로 제시한다. 이 여정은 혼합조사의 필요성을 이해하는 것에서 시작하여, 구체적인 설계 유형을 배우고, 가장 큰 난관인 '모드 효과'를 극복하며, 궁극적으로는 미래의 조사 환경까지 조망하는 과정으로 구성되어 있다.

최적의 조합을 향한 여정: 이 책의 로드맵

1단계: 기초 다지기 - 왜 혼합조사인가(1~2장)

모든 탐구는 '왜'라는 질문에서 시작한다. 이 단계는 혼합조사가 단순한 유행이 아닌 과학적 필연임을 이해하는 과정이다. 1장 '단일 모드의 위기와 대안의 필요성'에서는 전화조사의 응답률 하락과 포함 오류, 웹 조사의 디지털 격차와 자기 선택 편향 문제 등 전통적인 단일 모드 조사가 왜 더 이상 유효하지 않은지를 진단하며 혼합조사의 필연성을 역설한다. 이어 2장 '혼합조사의 목적과 유형의 이해'에서는 혼합조사가 '무응답 감소'와 '비용 절감'이라는 두 가지 핵심 목표를 어떻게 달성하는지 그 원리를 파헤친다. 또한 여러 모드를 단계적으로 적용하는 '순차적 설계'와 응답자에게 선택권을 부여하는 '동시적 설계'와 같은 기본 유형들을 통해 그 작동 원리를 이해하고, '다중프레임 조사'나 '혼합방법론 연구'와 같은 유사 개념과의 차이점도 명확히 한다.

2단계: 실행력 갖추기 - 최적의 설계 조합 찾기(3~5장)

탄탄한 기초 위에 실무 역량을 쌓는다. 이 단계는 이론을 실제 조사의 청사진으로 전환하는 방법을 배우는 실용적인 과정이다. 3장 '혼합조사 설계의 유형'에서는 모드를 적용하는 '순서', 응답자에게 부여하는 '선택권', 서로 다른 표본에 다른 모드를 적용하는 '동시성'이라는 세 가지 차원을 기준으로 다양한 설계 방식을 탐구한다. 4장 '순차적 혼합조사의 설계와 실제'에서는 가장 널리 쓰이는 '웹 푸시' 방식을 중심으로, 우편으로 웹사이트 주소를 안내하여 참여를 유도하고 비응답자에게는 종이 설문지를 보내는 등 저비용 모드에서 고비용 모드로 단계적으로 전환하여 비용 효율성을 극대화하는 전략을 심도 있게 다룬다. 5장 '동시적 설계와 적응적 설계'에서는 응답자에게 선택권을 부여하는 방식의 장점과 '자기 선택 편향'이라는 치명적 단점을 분석하고, 조사 데이터를 실시간으로 분석하여 각 표본의 특성에 맞춰 전략을 최적화하는 가장 진보된 형태인 '적응적 조사 설계'를 소개한다.

3단계: 완성도 높이기 - 모드 효과와의 전쟁(6~8장)

이제 혼합조사의 가장 어려운 과제이자 핵심인 '모드 효과' 문제에 정면으로 맞선다. 이 단계는 수집된 데이터의 신뢰도를 보증하기 위한 가장 중요한 방법론적 도전 과제를 다루며, 예술과 같은 설계와 과학과 같은 분석이 모두 요구된다. 6장 '모드 효과와 측정 등가성'에서는 동일한 질문도 조사 방식에 따라 응답이 달라지는 현상의 원인을 면접원의 유무에 따른 '사회적 바람직성 편향'과 각 모드의 '정보 전달 방식'의 차이로 분석한다. 7장 '비교 가능한 설문지 설계'에서는 '통합 모드 설계' 원칙에 따라, 가장 제약이 많은 모드를 기준으로 질문 형식과 시각적 요소를 통일하여 모드 효과를 최소화하는 구체적인 기술을 익힌다. 특히 여러 모드에서 구현하기 어려운 '그리드 질문'을 단순화하는 방법 등을 다룬다. 그리고 8장 '혼합조사 데이터의 분석'에서는 서로 다른 모드로 수집된 데이터를 통합하고, '가중치 부여' 및 통계 모델에 '모드 변수'를 포함시켜 남아있는 모드 효과를 통계적으로 통제하는 분석 전략을 탐구한다.

4단계: 전문가로 거듭나기 - 현실과 미래 조망(9~10장)

마지막으로, 실제 사례와 미래 동향을 통해 전문가로서의 통찰력을 기른다. 이 단계는 기술적 숙련가를 넘어, 연구를 비판적으로 소비하고 현명하게 관리하는 전문가로 성장하는 과정이다. 9장 '혼합조사의 실제'에서는 미국 지역

사회조사(American Community Survey, ACS), 유럽 사회조사(European Social Survey, ESS) 등 세계 최고 수준의 조사들이 어떻게 정교한 순차적 설계를 통해 비용과 품질 사이의 균형을 맞추고, 엄격한 품질 기준을 통해 데이터의 비교 가능성을 확보하는지 살펴본다. 마지막 10장 '혼합조사의 미래'에서는 설문 데이터를 넘어 정부의 '행정 자료' 및 민간의 '빅데이터'와 융합하는 '데이터 융합'이라는 새로운 패러다임을 조망하며, 이것이 응답 부담을 줄이고 데이터 정확성을 높이는 동시에 심각한 개인정보 보호 문제를 야기할 수 있음을 논한다.

지면 너머의 이야기들: 파라데이터, 응답자 경험, 그리고 윤리

물론 10개의 장만으로 혼합조사의 모든 것을 이야기할 수는 없다. 지면의 한계로 깊이 다루지 못한 중요한 주제들이 여전히 남아있다.

첫째는 '파라데이터(Paradata) 혁명'이다. 파라데이터는 응답 내용 자체가 아니라, 응답이 이루어지는 '과정'에서 발생하는 데이터를 의미한다. 웹 조사에서 각 문항에 머무른 시간, 마우스 클릭 횟수, 답변 수정 여부 등은 응답자가 특정 질문을 얼마나 어려워했는지를 보여 주는 중요한 단서가 된다. 전화조사에서는 접촉 시도 횟수나 통화 시간 등이 해당된다. 이러한 파라데이터를 분석하면, 우리는 설문지의 문제점을 진단하고 응답자의 인지 과정을 더 깊이 이해할 수 있으며, 나아가 '적응적 조사 설계'의 기반 데이터로 활용할 수 있다.

둘째는 '응답자 경험(Respondent Experience)'의 중요성이다. 혼합조사의 성공은 결국 응답자의 자발적인 협조에 달려있다. 여러 모드를 넘나드는 과정이 응답자에게 불편하거나 혼란스럽게 느껴진다면, 응답의 질은 떨어지고 중도 이탈률은 높아질 것이다. 응답자가 질문을 꼼꼼히 읽지 않고 아무렇게나 답하는 '불성실 응답'은 데이터 품질에 직접적인 위협이 된다. 따라서 각 모드의 인터페이스를 통일하고, 모드 전환 과정을 매끄럽게 설계하는 등 응답자에게 긍정적인 조사 경험을 제공하려는 노력은 이제 선택이 아닌 필수다.

셋째는 혼합조사의 '윤리적 과제'다. 서로 다른 모드에서 수집된 데이터를 통합하고, 나아가 행정 자료나 빅데이터와 연계할 때, 우리는 어떻게 응답자의 개인정보를 보호하고 투명한 동의를 얻을 것인가? 웹에서는 긴 안내문을 보여 줄 수 있지만 전화에서는 짧게 요약해야 하는 등 각 모드에서 '동등한 수준의 정보에 기반한 동의'를 얻는 것부터가 도전이다. 또한 서로 다른 방식으로 수집된 여러 집단의 데이터를 통합하고 가중치를 적용하는 과정에서, 특정 소수 집단의 목소리가 통계적으로 왜곡되거나 과소 평가되지 않도록 세심한 주의를 기울여야 할 윤리적 책임이 연구자에게 있다. 기술의 발전 속도를 윤리적, 제도적 논의가 따라가지 못하는 지금, 연구자는 누구보다 높은 수준의 책임 의식을 가져야 한다.

더 나은 측정을 향한 제언

이 책의 모든 논의는 궁극적으로 하나의 목표로 수렴한다. '어떻게 하면 주어진 제약 속에서 현실을 가장 정확하게 측정할 수 있는가?' 혼합조사는 이 질문에 대한 완벽한 정답이 아니라, 끊임없이 변화하는 세상에 맞춰 진화해 나가는 현재 진행형의 대답이다. 이 책이 단순히 기술적인 방법론을 소개하는 안내서를 넘어, 연구자들이 더 창의적이고, 더 엄격하며, 더 책임감 있는 자세로 우리 사회를 이해하려는 노력에 동참하도록 이끄는 작은 초대장이 되기를 희망한다. 이 책과 함께 더 나은 측정을 향한 지혜로운 여정을 시작하기를 바란다.

01

왜 혼합조사인가

한때 사회의 목소리를 가장 정확히 듣는
도구였던 전화조사는 이제 낡은 그물이 되었다.
그 대안으로 떠오른 웹 조사는 편리함의 이면에
심각한 배제와 편향의 그림자를 안고 있다.
완벽한 조사 방법이 사라진 시대, 우리는 어떻게
다시 사회 전체의 목소리를 들을 수 있을까?

전화조사의 황금기는 끝났다: 무응답과 포함 오류

20세기 후반, 전화조사는 여론조사의 황금기를 이끌었다. 당시에는 거의 모든 가정이 유선전화를 보유하고 있었고, 사람들은 비교적 기꺼이 낯선 사람의 전화에 응답했다. 무작위 전화 걸기(Random Digit Dialing, RDD)를 통해 모집단의 대표성을 과학적으로 확보할 수 있었으며, 대면 조사에 비해 훨씬 저렴하고 신속했다. 이 시기 전화조사는 민주주의 사회의 여론을 파악하는 가장 신뢰도 높은 도구로 여겨졌다. 하지만 21세기에 들어 이 모든 장점은 심각한 도전에 직면했다.

가장 큰 문제는 응답률의 급격한 하락이다. 스팸 전화와 보이스피싱의 범람으로 인해 사람들은 모르는 번호로부터 걸려온 전화는 아예 받지 않는 것이 일상이 되었다. 발신자 정보 표시 기능은 이러한 경향을 더욱 가속화했다. 이는 목표 응답률을 채우기 위해 훨씬 더 많은 접촉을 시도해야 하므로 조사 비용을 폭증시킨다. 동시에, 이는 조사에 응답해 주는 소수의 사람들이 과연 전체 모집단을 대표하는지에 대한 근본적인 의문을 낳는 '무응답 편향' 문제를 심화시켰다. 조사에 응답하는 사람들은 비응답자들에 비해 사회적으로 더 신뢰가 높거나 정치에 더 관심이 많거나, 혹은 시간적 여유가 더 많은 특정 집단일 수 있다.

가중치를 통해 인구통계학적 불균형을 일부 보정할 수는 있지만, 관찰되지 않는 태도나 성향의 차이까지 완벽하게 교정하는 것은 불가능에 가깝다.

여기에 더해 '포함 오류(Coverage Error)' 문제도 심각해졌다. 이는 표본을 추출하는 표집틀이 모집단 전체를 완벽하게 포괄하지 못할 때 발생한다. 휴대전화가 유선전화를 완전히 대체하면서, 유선전화 RDD는 더 이상 모집단을 제대로 대표하지 못하게 되었다. 특히 젊은 층과 1인 가구는 유선전화 없이 휴대전화만 사용하는 '모바일 온리(mobile-only)' 인구가 대부분이다. 휴대전화 RDD가 대안으로 떠올랐지만, 이 역시 청소년이나 특정 집단이 사용하는 선불폰이나 개인이 아닌 법인 명의의 전화 등 완전한 표집틀을 제공하지 못한다. 또한 전화번호라는 하나의 접촉 경로에만 의존하는 것은, 전화 통화 자체를 기피하는 특정 라이프스타일을 가진 사람들을 체계적으로 배제하는 결과를 낳는다. 이처럼 과거의 영광을 뒤로 한 채, 전화조사는 더 이상 단독으로 우리 사회 전체의 목소리를 담아낼 수 없는 '낡은 그물'이 되어가고 있다.

웹 조사의 한계: 디지털 격차와 자기 선택 편향

전화조사의 위기에 대한 가장 유력한 대안으로 '웹 조사'

가 떠올랐다. 웹 조사는 압도적으로 저렴한 비용, 빠른 속도, 그리고 멀티미디어 활용의 용이성 등 수많은 장점을 가지고 있다. 하지만 웹 조사 역시 단독으로 사용되기에는 두 가지 치명적인 약점을 안고 있다.

첫째는 '디지털 격차(Digital Divide)'로 인한 포함 오류다. 아무리 인터넷 보급률이 높은 나라라도 여전히 인터넷을 사용하지 않거나 사용에 익숙하지 않은 사람들이 존재한다. 특히 고령층, 저소득층, 농어촌 지역 거주자, 특정 장애를 가진 사람들일수록 디지털 환경에서 소외될 가능성이 높다. 단순히 인터넷 접속 가능 여부를 넘어, 복잡한 웹 설문지를 막힘없이 수행할 수 있는 '디지털 리터러시(digital literacy)'의 격차 또한 존재한다. 만약 웹 조사만으로 조사를 진행한다면, 이들 사회적 약자의 목소리는 처음부터 원천적으로 배제될 수밖에 없다. 이는 민주주의 사회의 여론조사가 결코 용납할 수 없는 심각한 편향이다.

둘째는 웹 조사의 참여자 모집 방식에서 비롯되는 '자기선택 편향(Self-selection Bias)' 문제다. 웹 조사는 이메일이나 배너 광고 등을 통해 불특정 다수에게 참여를 요청하는 경우가 많다. 이때 조사에 참여할지 말지는 전적으로 개인의 '자발적인 선택'에 달려있다. 문제는 이렇게 자발적으로 참여하는 사람들이 일반 대중과 체계적으로 다른 특성을 보인다는 점이다. 이들은 일반적으로 해당 조사 주제에 더 관심이 많거나 인터넷 활동에 더 적극적이거나, 혹은 소액의 인센티브에 더 민감한 사람들일 가능성이 높다. 따라서 이렇게 얻어진 표본은 '전체 국민의 축소판'이 아니라 '온라인 설문에 참여하고 싶어 하는 사람들의 축소판'에 가까워지게 된다.

이러한 자기 선택 편향은 확률 표집의 기본 원리를 근본적으로 위배한다. 확률 표집에서는 모집단의 모든 구성원이 표본으로 추출될 확률이 알려져 있고 0이 아니어야 하지만, 자기 선택 표본은 누가 어떤 확률로 참여했는지 전혀 알 수 없다. 이는 표본의 결과를 모집단 전체로 일반화할 수 있는 통계적 기반이 없음을 의미한다. 또한 웹이라는 비대면 환경은 불성실하거나 악의적인 응답을 걸러내기 어렵다는 데이터 품질의 문제도 함께 안고 있다. 그 결과를 전체 국민의 생각인 것처럼 일반화하는 데에는 큰 위험이 따른다.

혼합조사, 피할 수 없는 대안

전화조사는 더 이상 모두에게 닿지 않고, 웹 조사는 모두를 포괄하지 못하며, 대면조사는 너무 비싸고, 우편조사는 너무 느리다. 이처럼 우리가 사용할 수 있는 어떤 단일한 조사 모드도 '완벽한' 방법이 될 수 없다는 것이 현대 사회조사가 마주한 냉정한 현실이다. 이것이 바로 '혼합조사(Mixed-Mode Survey)'가 더 이상 선택이 아닌, 피할 수 없는 대안이 된 이유다.

혼합조사는 단일 모드의 한계를 인정하는 것에서부터 출발한다. 그리고 각 모드가 가진 고유한 강점을 체계적으로 결합하여, '전체는 부분의 합보다 크다'는 시너지 효과를 만들어 내고자 한다. 이는 마치 다양한 금융 상품에 분산 투자하여 리스크를 관리하는 '포트폴리오' 전략과도 같다. 조사 연구자는 다양한 조사 모드로 이루어진 포트폴리오를 구성하여, 특정 모드의 실패가 전체 조사의 실패로 이어지지 않도록 위험을 분산시킨다.

예를 들어, 웹 조사의 낮은 비용과 전화조사의 높은 포괄 범위를 결합할 수 있다. 먼저 모든 표본에게 저렴한 웹 조사 참여를 요청한 뒤, 여기에 응답하지 않은 사람들에게만 더 비용이 드는 전화조사를 실시하는 것이다. 이를 통해 전체적인 비용을 통제하면서도, 웹 조사에서 배제될 수 있는 사람들의 목소리를 추가적으로 확보하여 응답률과 대표성을 높일 수 있다. 혹은 민감한 질문은 응답자가 편안함을 느끼는 웹 방식으로 응답하게 하고, 복잡한 질문은 면접원의 도움이 있는 전화나 대면 방식으로 진행하는 등 질문의 특성에 따라 모드를 다르게 적용하여 측정의 정확성을 높일 수도 있다.

하지만 혼합조사는 모든 문제를 해결하는 만병통치약이 아니다. 서로 다른 방식으로 수집된 데이터를 합치는 과정에서, 동일한 질문이라도 조사 방식에 따라 응답이 달라지는 '모드 효과'라는 새로운 도전 과제가 발생한다. 따라서 혼합조사는 단순히 여러 방법을 섞는 행위를 넘어, 각 방법의 장점을 극대화하고 단점을 최소화하며, 발생 가능한 새로운 편향까지 정교하게 통제해야 하는 고도의 과학적 설계 과정이다. 이처럼 혼합조사는 조사 방법론의 다양한 도구들을 창의적으로 조합하여, 주어진 제약 속에서 최선의 결과를 만들어 내려는 실용적이고 과학적인 문제 해결 방식이며, 현대 사회조사가 나아가야 할 필연적인 방향이다.

참고문헌

Couper, M. P.(2011). The future of survey data collection. Public Opinion Quarterly, 75(5), 889~908.

de Leeuw, E. D.(2005). To mix or not to mix data collection modes in surveys. Journal of official statistics, 21(2), 233.

Dillman, D. A., Smyth, J. D., & Christian, L. M.(2014). Internet, phone, mail, and mixed-mode surveys: The tailored design method(4th ed.). Wiley.

02

혼합조사란 무엇인가

혼합조사는 단순히 여러 방법을 섞는 것이 아니라, 무응답과 비용이라는 두 마리 토끼를 잡기 위한 정교한 전략이다. 연구자가 비용을 통제하는 순차적 설계와 응답자에게 선택권을 주는 동시적 설계는 서로 다른 철학을 담고 있으며, 최적의 선택은 조사의 목표에 달려있다.

혼합조사의 두 가지 목표: 무응답 감소와 비용 절감

조사 연구자들이 단일 모드의 편리함을 포기하고, 복잡하고 어려운 혼합조사의 길을 선택하는 이유는 크게 두 가지다. 하나는 과학적 타당성에 대한 것이고, 다른 하나는 현실적인 비용에 대한 것이다. 이 두 가지 목표는 서로 긴밀하게 연결되어 있으며 혼합조사의 존재 이유를 설명한다.

가장 중요한 과학적 목표는 '무응답(Non-response) 감소'와 이를 통한 '대표성 극대화'다. 1장에서 보았듯이, 모든 단일 조사 모드는 특정 집단에게는 편리하지만 다른 집단에게는 불편하거나 접근 불가능한 '그림자'를 가지고 있다. 예를 들어, 웹 조사는 젊은 층에게는 매우 효과적이지만 고령층의 응답을 얻기 어렵고, 전화조사는 중장년층에게는 익숙하지만 젊은 층에게는 기피의 대상이 된다. 혼합조사는 바로 이 지점에서 힘을 발휘한다. 응답자에게 그들이 가장 선호하거나 편하게 느끼는 참여 방식을 선택할 수 있는 기회를 제공함으로써, 조사 참여의 문턱 자체를 낮추는 것이다. 웹 조사 초대에 응답하지 않은 고령층에게는 익숙한 전화나 우편으로 다시 한번 참여를 요청하고, 전화 접촉이 어려운 젊은 층에게는 모바일 웹 링크를 문자로 보내주는 식이다. 이는 단 하나의 방법만 고수했을 때 놓쳤을 수많은 응답자들을 구제하여 전체 응답률을 극적으로 높이는 효과를 가져 온다. 이는 단순히 응답자의 수를 늘리는 것을 넘어, 특정 모드에만 편중되어 있던 응답자 구성의 인구통계학적, 사회 경제적 다양성을 확보하게 해 준다. 즉, 혼합조사는 조사 표본이 우리 사회 전체를 더 잘 반영하는 '축소판'이 되도록 만드는, 대표성 확보를 위한 가장 현실적인 전략이다.

두 번째 현실적인 목표는 '비용 효율성(Cost effectiveness)'이다. 일반적으로 조사 모드별 비용은 대면조사가 가장 비싸고 그 다음으로 전화, 우편, 그리고 웹 조사가 가장 저렴하다. 만약 모집단 전체를 대상으로 가장 품질이 좋은 대면조사를 실시할 수 있다면 이상적이겠지만, 이는 대부분의 연구에서 현실적으로 불가능한 일이다. 혼합조사는 각 모드의 비용 구조 차이를 전략적으로 활용하여, 주어진 예산 내에서 최대의 효과를 얻으려 한다. 가장 널리 쓰이는 전략은 가장 저렴한 모드(웹)부터 시작하여, 단계적으로 더 비싼 모드를 투입하는 것이다. 예를 들어, 1000명의 표본에게 먼저 웹 조사를 보내 400명의 응답을 얻고, 응답하지 않은 나머지 600명에게만 전화조사를 실시하여 150명의 추가 응답을 얻는다. 마지막으로, 그래도 응답하지 않은 450명에게 최종적으로 우편조사를 보내

50명의 응답을 더 얻는 식이다. 이 경우, 전체 표본 1000명 모두에게 처음부터 비싼 전화조사를 하는 것보다 훨씬 적은 비용으로 유사한 수준의 응답률을 달성할 수 있다. 이렇게 절감된 비용은 더 많은 표본을 조사하거나, 응답자에게 더 높은 인센티브를 제공하는 등 다른 품질 향상 활동에 재투자될 수 있다.

모드 제공 방식에 따른 유형: 순차적, 동시적 설계

혼합조사는 여러 조사 모드를 어떤 순서와 방식으로 조합하느냐에 따라 다양한 유형으로 나뉜다. 가장 대표적이고 널리 사용되는 방식은 '순차적 설계'와 '동시적 설계'다.

'순차적 설계(Sequential Design)'는 이름 그대로, 여러 조사 모드를 순차적으로 적용하는 방식이다. 앞서 설명한 비용 효율성 추구 전략이 바로 순차적 설계의 대표적인 예다. 보통 웹 → 전화 → 우편 순서처럼, 비용이 가장 저렴하고 응답 속도가 빠른 모드를 먼저 제시하고, 거기에 응답하지 않은 사람들에게만 다음 단계의 더 비싸고 적극적인 모드를 투입한다. 이 방식은 연구자가 전체 조사 과정을 통제하고 비용을 관리하기에 용이하다는 큰 장점이 있다. 하지만 단점도 존재한다. 뒤쪽 순서의 모드는 앞선 모드에서 응답하지 않은, 상대적으로 조사 참여에 비협조적인 사람들을 대상으로 하기 때문에 응답률이 낮을 수 있으며, 전체 조사 기간이 길어질 수 있다. 또한 각 단계 사이의 전환 시점을 결정하는 것이 중요한데, 너무 오래 기다리면 조사 동력이 떨어지고 너무 빨리 전환하면 저비용 모드로 응답할 기회를 빼앗을 수 있다.

이에 반해 '동시적 설계(Concurrent Design)'는 모든 조사 모드를 처음부터 응답자에게 동시에 제공하고, 그중 하나를 선택하게 하는 방식이다. 예를 들어, 처음 발송하는 우편 안내문에 "이 조사는 세 가지 방식으로 참여하실 수 있습니다. ① PC나 스마트폰으로 아래 웹 주소에 접속하시거나, ② 동봉된 설문지를 작성하여 반송 봉투에 넣어 보내 주시거나, ③ 아래의 무료 전화번호로 연락하여 면접원과 통화하실 수 있습니다"라고 안내하는 것이다. 이 방식의 가장 큰 장점은 응답자의 편의성과 선택권을 극대화한다는 점이다. 각자가 가장 편하다고 느끼는 방법으로 참여할 수 있으므로, 초기 응답률을 높이는 데 효과적일 수 있다. 하지만 어떤 사람들이 어떤 모드를 선택하는지에 대한 '자기 선택 편향'이 발생할 수 있다는 단점이 있다. 예를 들어, 젊은 층은 웹을, 고령층은 우편이나 전화를 선택하는 경향이 뚜렷하게 나타날 수 있으며, 이는 6장에서 다룰 '모드 효과'와 결합하여 데이터 분석을 더 복잡하게 만들 수 있다.

혼합조사와 유사 용어의 구분

혼합조사(Mixed-Mode)라는 용어는 종종 다른 유사한 용어들과 혼동되어 사용되기도 하므로, 그 차이를 명확히 이해할 필요가 있다.

'다중 프레임 조사(Multiple-Frame Survey)'는 조사 '모드'가 아니라, 표본을 추출하는 '표집틀'을 두 개 이상 사용하는 경우를 의미한다. 예를 들어, 유선전화 RDD 표집틀과 휴대전화 가상 번호 표집틀을 함께 사용하여 표본을 추출하고, 조사는 오직 '전화'라는 단일 모드로만 진행했다면, 이는 혼합조사가 아니라 '다중 프레임 단일 모드 조사'다. 물론 다중 프레임으로 추출한 표본에게 여러 가지 조사 모드를 제공하는 '다중 프레임 혼합조사'도 가능하다. 핵심은 혼합조사는 '데이터 수집 방식'의 조합을, 다중 프레임은 '표본 추출틀'의 조합을 의미한다는 점이다.

더 중요하고 근본적인 구분은 '혼합 방법론 연구(Mixed-Methods Research)'와의 차이다. 혼합조사는 보통 동일한 설문지를 통해 '양적 데이터'를 수집하는 여러 가지 방법을 섞는 것을 의미한다. 이는 전적으로 양적 연구 패러다임 내에서의 전략이다. 반면, 혼합 방법론 연구는 하나의 연구 질문에 답하기 위해 '양적 연구(예: 설문조사)'와 '질적 연구(예: 심층 인터뷰, FGI)'를 모두 사용하는 훨씬 더 넓은 개념의 연구 설계다. 이는 현상을 일반화하려는 양적 접근과 깊이 있게 이해하려는 질적 접근이라는 서로 다른 연구 패러다임을 의도적으로 결합하는 것이다. 예를 들어, 설문조사를 통해 특정 제품의 만족도가 낮다는 사실을 발견한 뒤(양적 연구), 그 이유를 깊이 있게 파악하기 위해 불만족 고객들을 대상으로 심층 인터뷰를 진행하는(질적 연구) 것이 바로 혼합 방법론 연구다. 즉, 혼합조사가 '데이터 수집 방법의 조합'이라면, 혼합 방법론은 '데이터 종류와 분석 패러다임의 조합'을 의미하는, 더 상위의 개념이라고 할 수 있다.

참고문헌

Biemer, P. P., & Lyberg, L. E.(2003). Introduction to survey quality. Wiley.

Creswell, J. W., & Plano Clark, V. L.(2017). Designing and conducting mixed methods research (3rd ed.). Sage publications.

Dillman, D. A., Smyth, J. D., & Christian, L. M.(2014). Internet, phone, mail, and mixed-mode surveys: The tailored design method (4th ed.). Wiley.

03

혼합조사 설계의 유형

혼합조사 설계는 비용, 속도, 응답자 편의성, 데이터 품질 사이의 균형을 맞추는 예술이다. 연구자가 비용을 통제하는 순차적 설계와 응답자에게 선택권을 주는 동시적 설계는 서로 다른 장단점을 가진다. 여기서 더 나아가, 조사 과정의 데이터를 실시간으로 활용하여 전략을 최적화하는 적응적 조사 설계는 미래의 방향을 제시한다.

설계의 핵심 차원: 순서, 선택권, 그리고 동시성

혼합조사를 설계하는 것은 마치 다양한 재료를 가지고 최상의 요리를 만드는 것과 같다. 어떤 재료(조사 모드)를, 어떤 순서로, 어떻게 조합하느냐에 따라 그 맛과 품질이 천차만별로 달라진다. 혼합조사 설계를 결정하는 핵심적인 차원은 크게 세 가지다.

첫째, '순서(Sequence)'의 문제다. 여러 조사 모드를 시간차를 두고 순차적으로 제공할 것인가, 아니면 처음부터 모든 모드를 한꺼번에 제공할 것인가? 이는 조사의 전체적인 속도와 비용 구조에 가장 큰 영향을 미치는 결정이다.

둘째, '선택권(Choice)'의 문제다. 응답자에게 자신이 원하는 조사 모드를 직접 선택할 수 있는 권한을 줄 것인가, 아니면 연구자가 각 응답자에게 특정 모드를 할당하고 지시할 것인가? 이는 응답자의 편의성과 연구자의 통제력 사이의 트레이드오프 관계를 보여 준다. 응답자에게 선택권을 주면 참여 동기를 높일 수 있지만, 특정 모드로 응답자가 쏠리면서 발생하는 '자기 선택 편향'을 연구자가 통제하기 어려워진다.

셋째, '동시성(Concurrence)'의 문제다. 이는 여러 모드를 동시에 사용하되, 서로 다른 표본에게 각기 다른 모드를 적용하는 방식을 의미한다. 예를 들어, 전체 표본의 절반에게는 웹 조사를, 나머지 절반에게는 전화조사를 동시에 실시하는 방식이다. 이는 각 모드의 순수한 효과를 비교하는 방법론적 연구에서 주로 사용된다.

이 세 가지 차원을 어떻게 조합하느냐에 따라 아래에서 설명할 순차적, 동시적, 적응적 설계 등 다양한 혼합조사의 유형이 결정된다.

순차적 설계: 비용 효율성을 극대화하는 전략

'순차적 설계(Sequential Design)'는 현실에서 가장 널리 사용되는 혼합조사 방식이다. 그 핵심 로직은 매우 명확하고 실용적이다. 바로, '가장 저렴한 방법부터 시작하여, 가장 비싼 방법으로 끝내는 것'이다. 이는 최소의 비용으로 최대의 응답률을 달성하기 위한 단계적 전략이다.

이 설계에서 연구자는 전체 표본을 대상으로 가장 비용이 저렴한 조사 모드(보통 웹조사나 우편조사)를 1차적으로 제공한다. 이 단계를 통해 조사에 비교적 협조적이고 해당 모드에 익숙한 사람들, 즉 '따기 쉬운 열매(low-hanging fruit)'를 최소의 비용으로 최대한 확보한다. 일정 기간이 지난 후, 1차 조사에 응답하지 않은 '비응답자'들만을 대상으로 이전보다 더 비용이 많이 들지만 응답률이 높은 2차 모드(보통 전화조사)를 투입한다. 전화조사를 통해서도 연락이 닿지 않거나 응답을 거부한 소수의 '끈질긴 비응답자'들에게는, 마지막으로 가장 비용이 비싸지만 가장 강력한 설득력을 가진 대면조사나 특별 우편물(예: 등기 발송)을 보내 최종적으로 응답을 호소한다.

이처럼 순차적 설계는 마치 여러 개의 그물을 단계적으로 던지는 것과 같다. 처음에는 성긴 그물로 큰 고기를 잡고, 그 다음에는 더 촘촘한 그물로 작은 고기를 잡는 식이다. 이 방식은 연구자가 각 단계별 비용과 성과를 예측하고 통제하기 용이하며, 전체 예산을 매우 효율적으로 사용할 수 있다는 압도적인 장점을 가진다. 다만, 여러 단계를 거치기 때문에 전체 조사 기간이 길어질 수 있다는 단점이 있다.

동시적 설계: 응답자 편의성을 극대화하는 전략

순차적 설계가 연구자의 '비용 관리'에 초점을 맞춘다면, '동시적 설계(Concurrent Design)'는 '응답자의 편의성'을 최우선으로 고려하는 방식이다. 이 설계에서는 조사 시작부터 응답자에게 가능한 모든 조사 모드를 한꺼번에 제시하고, 그중에서 자신이 가장 편하다고 느끼는 방법을 자유롭게 선택하도록 한다.

예를 들어, 조사 참여를 요청하는 첫 안내 편지에 웹 사이트 주소, QR 코드, 응답용 무료 전화번호, 그리고 종이 설문지를 모두 동봉하여 보내는 것이다. 응답자는 자신의 상황과 선호에 따라 “나는 스마트폰으로 하는 게 편해”, “나는 나이 들어서 종이로 된 게 좋아”, “나는 면접원과 직접 통화하면서 하고 싶어”와 같이 최적의 참여 방식을 스스로 결정할 수 있다. 이 방식의 가장 큰 장점은 응답자의 선택권을 존중함으로써 참여의 심리적 장벽을 낮추고, 전체적인 데이터 수집 속도를 높일 수 있다는 점이다. 모든 모드가 동시에 열려있기 때문에, 응답자들은 순차적 설계처럼 다음 단계를 기다릴 필요 없이 즉시 응답할 수 있다.

하지만 이 설계는 심각한 방법론적 도전 과제를 안고 있다. 바로 ‘자기 선택 편향(self-selection bias)’의 문제다. 어떤 사람들이 어떤 모드를 선택하는지는 무작위적이지 않다. 일반적으로 젊고 교육 수준이 높은 사람은 웹을, 나이가 많고 교육 수준이 낮은 사람은 전화나 우편을 선택하는 경향이 뚜렷하다. 이는 결국 특정 모드의 응답 결과가 특정 집단의 특성과 뒤섞여 버리는 ‘교란(confounding)’을 야기한다. 예를 들어, 웹 응답자와 전화 응답자 사이에 의견 차이가 나타났을 때, 그것이 진정한 의견의 차이 때문인지, 아니면 단지 두 집단의 인구통계학적 특성 차이나 ‘모드 효과’ 때문인지를 구분하기가 매우 어려워진다. 이 때문에 동시적 설계는 데이터 분석 과정에서 훨씬 더 복잡한 통계적 보정을 요구한다.

적응적 조사 설계: 개인 맞춤형 접근의 등장

'적응적 조사 설계(Adaptive Survey Design, ASD)'는 순차적 설계와 동시적 설계의 장점을 결합하고, 데이터 과학의 원리를 접목한 가장 진보된 형태의 혼합조사다. 적응적 설계의 핵심 아이디어는 모든 표본에게 동일한 전략을 적용하는 것이 아니라, '표본의 특성에 따라 각기 다른 맞춤형 전략을 적용'하는 것이다. 이는 조사 진행 과정에서 수집되는 데이터를 실시간으로 분석하여, 전체 조사의 품질과 효율성을 동적으로 최적화해 나가는 지능적인 접근법이다.

예를 들어, 조사 시작 전에 연구자는 표집틀에 있는 정보(예: 지역, 추정 연령)를 바탕으로 각 표본이 조사에 응답할 확률이나, 특정 모드에 응답할 확률을 미리 예측하는 통계 모델을 만든다. 그리고 이 모델의 예측에 따라 처음부터 응답할 확률이 매우 낮아 보이는 '어려운' 집단에게는 더 높은 수준의 인센티브를 제공하거나, 더 설득력 있는 베테랑 면접원을 투입하는 등 차별화된 전략을 구사한다. 또한 조사가 진행되는 동안 실시간으로 응답자 데이터를 분석하여, 특정 집단(예: 20대 남성)의 응답률이 목표치에 미달하는 것을 발견하면, 시스템은 자동으로 해당 집단에 대한 접촉 노력을 강화하거나 새로운 조사 모드를 추가로 제공하는 등 전략을 실시간으로 수정한다.

이처럼 적응적 조사 설계는 한정된 예산과 자원을 가장 필요한 곳에 집중적으로 투입하여, 무응답 편향을 최소화하고 데이터의 품질을 극대화하는 것을 목표로 한다. 이는 정교한 데이터 분석 능력과 현장 관리 시스템을 요구하지만, 미래 혼합조사가 나아갈 가장 발전된 방향을 제시한다.

참고문헌

Dillman, D. A., Smyth, J. D., & Christian, L. M.(2014). Internet, phone, mail, and mixed-mode surveys: The tailored design method(4th ed.). Wiley.

Groves, R. M., & Heeringa, S. G.(2006). Responsive design for household surveys: tools for actively controlling survey errors and costs. Journal of the Royal Statistical Society: Series A(Statistics in Society), 169(3), 439~457.

Schouten, B., Peytchev, A., & Wagner, J.(2017). Adaptive survey design. CRC press.

04

순차적 혼합조사의 설계와 실제

순차적 혼합조사는 최소 비용으로 최대 응답을 얻으려는 가장 현실적인 전략이다. 우편으로 웹 조사를 독려하는 웹 푸시 방식이 대표적이지만, 이 설계의 진정한 가치는 단순히 비용을 아끼는 데 있지 않다. 각 단계별로 응답하는 사람들의 특성이 체계적으로 다르다는 점을 이해하고, 이를 통계적으로 보정하여 최종 표본의 대표성을 확보하는 데 핵심이 있다.

순차적 설계의 핵심: 비용 효율성과 단계적 접근

현실에서 가장 빈번하게 활용되는 순차적 설계(Sequential Design)는 조사의 효율성을 극대화하기 위한 고도의 실용적인 접근법이다. 이 방식의 본질은 무조건적인 비용 절감보다는 '자원의 전략적 배분'에 있다. 초기 단계에서는 웹이나 우편 등 자기 기입식 모드를 활용해, 비교적 응답 의지가 높고 해당 환경에 익숙한 '핵심 응답군'을 저비용으로 신속하게 포집하는 것이 1차적인 목표다. 이는 모든 표본이 동일한 참여 조건이나 디지털 접근성을 갖지 못한다는 현실을 인정하고, 가장 용이하게 접근 가능한 그룹부터 순차적으로 공략해 나가는 영리한 필터링 과정이라 할 수 있다. 이 접근법은 모든 표본 구성원이 동일한 참여 동기나 접근성을 갖고 있지 않다는 현실적인 이해에 기반한다. 순차적 설계는 가장 참여하기 쉬운 그룹부터 순서대로 공략함으로써 한정된 자원을 효율적으로 배분하는 것이다.

순차적 설계는 근본적으로 '비응답 기반 전략(Nonresponse-driven Strategy)'이다. 즉, 이전 단계의 실패(비응답)에 대응하여 다음 단계의 전략을 구사하는 방식이다. 순차적 설계의 진면목은 비응답자들에 대한 후속 대응(Nonresponse-driven Strategy)에서 나타난다. 1차 조사에서 미응답한 이들에게는 비용이 상승하더라도 접촉력이 강화된 2차 모드(보통 전화조사)를 투입하여 데이터의 누수를 막는다. 최종적으로는 가장 완강한 비응답층을 대상으로 대면 면접이나 등기 우편 같은 강력한 설득 수단을 동원하여 응답을 이끌어낸다. 이러한 단계적 그물망 구성은 표본의 크기에만 집착하는 것이 아니라, 각기 다른 라이프스타일을 가진 응답자들을 촘촘하게 포괄하려는 시도다. 결과적으로 연구자는 예산 집행의 예측 가능성을 확보함과 동시에, 한정된 비용 내에서 조사의 품질을 최상으로 끌어올리는 관리적 통제력을 얻게 된다.

가장 대표적인 방식: '웹 푸시' 조사의 부상과 실제

순차적 혼합조사의 다양한 조합 중 오늘날 가장 널리 사용되며 표준적인 방식으로 자리 잡은 것은 '웹 푸시(Web-Push)' 설계다. 이는 이름 그대로, 응답자들이 '웹(Web)'으로 응답하도록 부드럽게 '밀어주는(Push)' 방식이다. 이 설계의 첫 단계는 조사 대상자로 선정된 모든 사람에게 공식적인 조사 안내 편지를 '우편'으로 발송하는 것이다. 이 편지에는 조사의 목적과 중요성을 설명하고, 비밀 보장을 약속하며, 설문에 참여할 수 있는 고유한 웹사이트 주소

(URL)와 접속 코드를 기재한다. 이때 편지의 디자인, 공식 기관의 로고 사용, 신뢰감을 주는 문구 등은 응답자가 조사를 스팸이 아닌 중요한 소통으로 인식하게 만드는 데 결정적인 역할을 한다. 이메일이나 전화와 달리, 우편은 거의 모든 가구에 도달할 수 있는 보편적인 접촉 수단이며, 공식적인 우편물이 주는 신뢰감을 통해 참여를 독려하는 효과가 있다.

1차 안내 편지 발송 후, 일정 기간(보통 1~2주)이 지나도 웹 조사에 응답하지 않은 사람들에게는 두 번째 '독려 엽서(reminder postcard)'를 발송한다. 엽서는 편지보다 제작 및 발송 비용이 저렴하며, 응답자가 내용을 확인하기 위해 봉투를 뜯어야 하는 수고를 덜어주는 장점이 있다. 이는 첫 안내문을 잊었거나 무심코 지나친 사람들의 참여를 유도하는 부드러우면서도 효과적인 '넛지(nudge)'로 작용한다. 그럼에도 불구하고 응답하지 않은 사람들에게는, 마지막으로 종이 설문지와 반송용 봉투를 동봉한 '우편조사 패키지'를 발송하여, 웹 조사가 어렵거나 선호하지 않는 사람들도 조사에 참여할 수 있는 기회를 제공한다. 이처럼 '우편 안내 → 웹 조사 유도 → 우편 설문 제공'으로 이어지는 순차적인 흐름은, 저렴한 웹 조사의 장점을 최대한 활용하면서도, 디지털 소외 계층을 포용하여 대표성을 높이는 매우 효율적이고 균형 잡힌 설계다. 이 때문에 미국 인구조사국을 비롯한 많은 공공 기관에서 표준적인 조사 방식으로 채택하고 있다.

모드 조합과 전환의 기술: 전략적 의사 결정

순차적 설계의 효과는 어떤 조사 모드를, 어떤 순서로 조합하느냐에 따라 크게 달라진다. 가장 일반적인 조합은 앞서 설명한 '웹 푸시(우편 안내 → 웹 → 우편)' 방식과, 웹 비응답자에게 전화를 거는 '웹-전화(Web-Phone)' 방식이다. 웹-전화 방식은 전화 면접원의 직접적인 설득을 통해 응답률을 더 적극적으로 끌어올릴 수 있다는 장점이 있지만, 우편조사보다 훨씬 더 높은 비용이 발생한다. 또한 전화조사를 위한 콜센터 운영 등 별도의 인프라를 요구하므로 운영의 복잡성도 더 크다. 따라서 연구자는 주어진 예산과 목표 응답률, 그리고 조사 대상의 특성을 고려하여 최적의 조합을 선택해야 한다. 예를 들어, 조사 대상이 비교적 젊고 인터넷 사용에 익숙한 집단이라면, 웹 조사만으로도 충분히 높은 응답률을 얻을 수 있으므로 굳이 비싼 전화조사를 후속 단계에 포함시킬 필요가 없을 것이다. 반면, 고령층이나 저학력층이 많이 포함된 전 국민 대상 조사라면, 웹 조사만으로는 심각한 편향이 발생할 수 있으므로 전화나 우편과 같은 비(非)웹 모드를 후속 단계에 반드시 포함시켜야 한다.

또한 각 단계를 언제까지 진행하고 다음 단계로 넘어갈지, 그 '전환 시점(transition point)'을 결정하는 것도 매우 중요한 전략적 의사 결정이다. 너무 빨리 다음 단계로 넘어가면 저렴한 모드로 응답할 수 있었던 사람들의 기회를 빼앗게 되어 불필요한 비용을 지출하게 된다. 반대로 너무 오래 기다리면 전체 조사 기간이 늘어지고 응답자들이 조사 자체를 잊어버려 참여 동기가 약화될 수 있다. 이 결정은 보통 일일 응답률 추이를 모니터링하며 이루어지는데, 특정 모드의 일일 응답 건수가 며칠 연속으로 설정된 기준치 이하로 떨어지면 다음 단계로 전환하는 방식이 일반적이다.

단계별 비응답자의 특성과 편향 관리

순차적 혼합조사를 분석하고 해석할 때 반드시 기억해야 할 점은 '각 단계별로 응답하는 사람들의 특성이 체계적으로 다르다'는 것이다. 1단계 웹 조사에 자발적으로 응답한 사람들은 일반적으로 더 젊고, 교육 수준이 높으며, 기술에 더 친화적이고, 조사 자체에 더 협조적인 성향을 보인다. 반면, 여러 차례의 독려 끝에 마지막 단계인 전화나 대면조사를 통해 겨우 응답을 받아낸 사람들은 상대적으로 더 나이가 많고, 교육 수준이 낮으며, 조사에 비판적이거나 무관심한 성향을 가질 가능성이 높다. 만약 연구자가 1단계 웹 조사만으로 조사를 마감하고 그 결과만을 분석한다면, 그 결과는 특정 계층의 의견만을 과대 대표하는 심각한 편향을 갖게 될 것이다.

따라서 혼합조사의 진정한 가치는 비용이 더 들더라도 끈질기게 후속 조사를 진행하여 초기 단계에서는 응답하지 않았던 '닿기 어려운(hard-to-reach)' 사람들의 목소리를 추가적으로 확보하는 데 있다. 최종 데이터 분석 단계에서는, 이렇게 각기 다른 모드를 통해 수집된 응답자들의 특성을 비교 분석하고, 필요한 경우 '무응답 보정 가중치'를 적용하여, 초기 단계 응답자들과 후기 단계 응답자들 사이의 체계적인 차이로 인해 발생할 수 있는 편향을 통계적으로 보정해야 한다. 이 통계적 보정 과정은 서로 다른 특성을 가진 응답자 그룹들을 모집단 구성비에 맞게 재조정하여 하나의 대표성 있는 목소리로 만드는 핵심적인 작업이다. 이 과정을 통해 비로소 전체 표본의 대표성이 확보되고, 결과의 신뢰도를 주장할 수 있게 된다.

참고문헌

Dillman, D. A.(2007). Mail and internet surveys: The tailored design method, 2007 update with new internet, visual, and mixed-mode guide. Wiley.

Messer, B. L., & Dillman, D. A.(2011). Surveying the general public over the internet using address-based sampling and mail contact procedures. Public Opinion Quarterly, 75(3), 429~457.

Smyth, J. D. et al.(2009). Open-ended questions in web surveys: Can increasing the size of answer boxes and providing extra verbal instructions improve response quality?. Public Opinion Quarterly, 73(2), 325~337.

05

동시적 설계와 적응적 설계

응답자에게 모든 선택권을 부여하는 동시적 설계는 편의성을 극대화하지만, 특정 집단이 특정 모드로 쏠리는 자기 선택 편향이라는 치명적 함정을 안고 있다. 이러한 한계를 극복하기 위한 가장 진보된 형태가 바로 적응적 조사 설계다. 이는 조사 진행 과정에서 수집되는 데이터를 실시간으로 분석하여, 각 표본의 특성에 맞춰 가장 효율적인 조사 전략을 동적으로 구사하는 데이터 기반의 맞춤형 접근법이다.

동시적 설계: 응답자에게 선택권을 주다

순차적 설계가 연구자의 통제와 비용 효율성에 초점을 맞춘다면, '동시적 설계(Concurrent Design)'는 그 철학적 출발점이 다르다. 이 설계의 핵심은 응답자의 자율성과 편의성을 최우선으로 존중하는 것이다. 즉, 연구자가 특정 조사 모드를 강요하는 대신, 가능한 모든 참여 방법을 처음부터 응답자에게 한꺼번에 제시하고, 그중 가장 편하고 선호하는 방식을 직접 선택하게 하는 것이다.

예를 들어, 조사 대상자로 선정된 가구에 발송되는 첫 안내 우편물에는 다음과 같은 내용이 포함될 수 있다. "안녕하십니까. OO 연구기관입니다. 귀하는 대한민국을 대표하는 소중한 표본으로 선정되셨습니다. 아래의 세 가지 방법 중 가장 편리한 방법 하나를 선택하여 조사에 참여해 주시면 감사하겠습니다. 1) 웹 조사: www.survey.kr 접속 후 인증번호 입력, 2) 전화조사: 000-0000로 전화하여 면접원과 통화, 3) 우편조사: 동봉된 설문지를 작성 후 반송용 봉투로 발송."

이러한 접근법은 '응답자 중심주의'에 기반한다. 사람마다 선호하는 소통 방식이 다르다는 사실을 인정하고, 그들에게 선택권을 부여함으로써 참여에 대한 심리적 장벽을 낮추려는 시도다. 이는 특히 특정 조사 모드에 대한 강한 거부감을 가진 사람들의 참여를 유도하는 데 효과적일 수 있다. 예를 들어, 전화 통화를 극도로 기피하는 젊은 층은 웹 조사라는 대안이 있기 때문에 조사에 참여할 수 있고, 반대로 웹 사용이 어려운 고령층은 전화나 우편이라는 익숙한 방법을 통해 자신의 목소리를 낼 수 있다. 또한 모든 모드가 처음부터 열려있기 때문에, 응답자들이 다음 단계를 기다릴 필요 없이 즉시 참여할 수 있어 전체적인 데이터 수집 속도를 높일 수 있다는 잠재적 장점도 있다.

다만 이러한 설계는 연구자 입장에서 운영상의 복잡성을 증가시킨다. 각 모드별로 최종 응답자 수가 얼마나 될지 예측하기 어렵기 때문에, 전화 면접원 인력이나 우편물 발송 예산을 사전에 정확히 계획하기 어렵다. 따라서 여러 데이터 수집 경로를 동시에 관리할 수 있는 유연하고 통합적인 현장 관리 시스템이 반드시 필요하다.

선택권의 역설: 자기 선택 편향과 데이터 교란

응답자의 편의를 극대화한다는 동시적 설계의 좋은 의도는, 역설적으로 데이터의 품질에 심각한 문제를 야기할 수 있다. 이를 '선택권의 역설'이라고 부를 수 있으며, 그 핵심에는 '자기 선택 편향(Self-selection Bias)' 문제가 있다. 응답자가 조사 모드를 선택하는 과정은 결코 무작위적이지 않다. 그들의 인구통계학적, 사회 경제적, 심리적 특성이 모드 선택에 깊숙이 개입한다.

수많은 연구 결과에 따르면, 일반적으로 더 젊고, 교육 수준과 소득 수준이 높으며, 도시에 거주하고, 기술에 친화적인 사람일수록 '웹 조사'를 선택하는 경향이 매우 강하다. 반면 더 나이가 많고, 교육 수준과 소득 수준이 낮으며, 지방에 거주하는 사람들은 '전화'나 '우편' 조사를 선호한다.

이러한 자기 선택은 결국, 특정 조사 모드의 응답 결과가 특정 집단의 특성과 뒤섞여 버리는 '교란(Confounding)' 현상을 발생시킨다. 예를 들어, 나중에 데이터를 분석해 보니 웹 응답자의 특정 정책 지지율이 전화 응답자보다 10%p 높게 나타났다고 가정해 보자. 우리는 이 10%p의 차이가 어디에서 비롯되었는지 알 길이 없다. 이것이 정말로 웹과 전화라는 '모드 효과'(6장에서 상세히 다룰) 때문에 발생한 차이인가? 아니면 단순히 웹 응답자 그룹과 전화 응답자 그룹을 구성하는 사람들의 근본적인 특성(연령, 학력, 소득, 정치 성향 등)이 다르기 때문에 발생한 차이인가? 이 두 가지 효과가 완벽하게 뒤섞여 있기 때문에, 이를 통계적으로 분리하여 해석하는 것은 거의 불가능에 가깝다. 이 때문에 동시적 설계는 응답자에게는 편리할 수 있지만, 분석가에게는 데이터를 해석하고 통합하기 매우 어려운, 방법론적으로 위험한 설계로 평가받는다.

적응적 조사 설계: 지능화된 맞춤형 전략

'적응적 조사 설계(Adaptive Survey Design, ASD)'는 순차적 설계의 엄격한 통제와 동시적 설계의 유연성 사이에서, 데이터 과학의 힘을 빌려 최적의 균형점을 찾으려는 가장 진보된 형태의 혼합조사 전략이다. 적응적 설계의 핵심 아이디어는 모든 표본에게 동일한, 획일적인 전략을 적용하는 것을 거부한다. 대신, 조사가 진행되는 과정에서 수집되는 다양한 정보를 실시간으로 활용하여, 각 표본 또는 표본 집단의 특성에 맞춰 조사 전략을 동적으로 수정하고 최적화하는 '개인 맞춤형 접근'을 취한다. 이는 마치 유능한 의사가 모든 환자에게 동일한 약을 처방하는 것이 아니라, 각 환자의 상태와 반응을 지속적으로 살피며 처방을 조절하는 것과 같다.

적응적 설계는 조사 이전에 이미 확보된 표집틀 정보(예: 지역, 추정 연령대)와 조사 진행 중에 수집되는 '파라데이터(paradata)'(예: 접촉 시도 횟수, 통화 시간, 응답 거부 이유, 웹조사에서의 문항별 응답 시간, 답변 수정 횟수 등)를 적극적으로 활용한다. 조사 관리 시스템은 이 데이터를 바탕으로 각 표본 단위의 '응답 확률'과 '무응답 편향에 미칠 영향'을 실시간으로 예측하는 통계 모델을 가동한다. 그리고 이 예측 결과를 바탕으로, 한정된 예산과 자원을 가장 필요한 곳에 집중적으로 투입한다. 이는 조사의 전 과정을 데이터에 기반하여 '지능적으로' 관리하는 새로운 패러다임을 의미한다.

적응적 설계의 작동 방식과 미래

적응적 조사의 실제 작동 방식은 데이터 기반의 의사 결정 그 자체다. 예를 들어, 조사 시스템이 실시간 응답자 데이터를 분석하여 특정 집단(예: 지방 거주 20대 남성)의 응답률이 목표치에 미달하면서도, 이 집단이 표본의 대표성에 매우 중요하다고 판단하면, 시스템은 자동으로 이들에게만 '맞춤형 처방'을 내린다. 여기에는 해당 집단에 대한 접촉 노력을 강화하거나, 특별 인센티브를 제공하거나, 가장 숙련된 면접원을 투입하는 등의 전략이 포함될 수 있다. 반대로 이미 응답률이 충분히 높은 집단(예: 중년 여성)에게는 더 이상의 추가적인 노력이나 인센티브를 투입하지 않아 불필요한 비용 낭비를 막는다.

또한 조사 진행 상황을 모니터링하며 특정 모드(예: 웹)의 비용 효율성이 예상보다 낮다고 판단되면, 해당 모드에 대한 투입을 줄이고 다른 모드(예: 전화)에 자원을 재배치하는 등 조사 전략 전체를 실시간으로 조정할 수도 있다. 이처럼 적응적 조사 설계는 데이터에 기반하여 끊임없이 학습하고 진화하며, 최소의 비용으로 최상의 데이터 품질을 달성하려는 현대 조사 방법론의 가장 빛나는 지향점이다. 물론 이를 구현하기 위해서는 정교한 데이터 분석 능력과 현장 관리 시스템을 요구하며, 응답자를 차별적으로 대우하는 것에 대한 윤리적 고민이 수반되어야 하지만, 미래 혼합조사가 나아갈 가장 발전된 방향을 제시하는 것 또한 분명하다.

참고문헌

Groves, R. M., & Heeringa, S. G.(2006). Responsive design for household surveys: tools for actively controlling survey errors and costs. Journal of the Royal Statistical Society: Series A (Statistics in Society), 169(3), 439-457.

Kreuter, F.(Ed.)(2013). Improving surveys with paradata: Analytic uses of process information. Wiley.

Schouten, B., Peytchev, A., & Wagner, J.(2017). Adaptive survey design. CRC press.

06

모드 효과와 측정 등가성

혼합조사의 성공은 서로 다른 조사 모드에서 측정의 등가성을 얼마나 잘 확보하는지에 달려있다. 면접원의 유무에 따른 사회적 바람직성 편향과 각 모드의 정보 전달 방식의 차이에서 비롯되는 모드 효과를 이해해야 한다. 특정 모드에 최적화된 화려한 설계가 아닌, 모든 모드에서 일관되게 작동하는 가장 단순하고 강건한 형태의 통합 모드 설계 원칙이 필요하다.

모드 효과란 무엇인가: 방법이 메시지를 결정한다

혼합조사를 통해 여러 다른 방식으로 데이터를 성공적으로 수집했다고 가정해 보자. 웹으로는 500명, 전화로는 300명의 응답을 얻었다. 이제 이 두 데이터를 합치기만 하면 될까? 문제는 그렇게 간단하지 않다. 만약 동일한 사람이, 동일한 질문에 대해 웹으로 응답했을 때와 전화로 응답했을 때 서로 다른 답변을 할 수 있다면 어떻게 될까? 이처럼 조사 방법, 즉 '모드(Mode)' 자체가 응답 내용에 체계적인 영향을 미치는 현상을 '모드 효과(Mode Effect)'라고 부른다. 이는 혼합조사의 타당성을 위협하는 가장 근본적인 도전 과제이며 "우리는 과연 같은 것을 측정했는가?"라는 질문을 던지게 한다.

모드 효과가 존재한다면, 우리는 데이터에서 관찰된 차이가 실제 집단 간의 의견 차이인지, 아니면 단지 조사 모드의 차이 때문에 발생한 인공적인 결과물인지 구분할 수 없게 된다. 예를 들어, 웹 응답자의 음주량이 전화 응답자의 음주량보다 높게 나타났다고 하자. 이것이 정말로 웹 사용자들이 술을 더 많이 마신다는 의미일까? 아니면, 사람들이 면접원과의 직접적인 소통이 없는 웹 환경에서 자신의 음주량을 더 솔직하게 보고하는 경향이 있기 때문일까? 후자일 가능성이 매우 높다. 이처럼 모드 효과는 데이터의 비교 가능성을 근본적으로 훼손할 수 있기 때문에, 혼합조사를 설계하고 분석하는 연구자는 모드 효과가 왜, 어떻게 발생하는지를 깊이 있게 이해하고, 그 영향을 최소화하기 위한 전략을 반드시 강구해야 한다.

모드 효과의 제1원인:
사회적 현존감과 바람직성 편향

모드 효과가 발생하는 가장 중요한 원인 중 하나는 '사회적 현존감(Social Presence)'의 차이이다. 즉, 조사 과정에 '다른 사람(면접원)'이 존재하는지 여부다. 대면조사나 전화조사처럼 면접원이 직접 질문을 던지는 상황에서, 응답자는 무의식적으로 면접원에게 좋은 인상을 주거나, 사회적으로 바람직하게 보이는 답변을 하려는 경향을 보인다. 이를 '사회적 바람직성 편향(Social Desirability Bias)'이라고 한다.

이 편향은 특히 사회적 규범이나 가치와 관련된 민감한 주제에서 두드러지게 나타난다. 예를 들어, 투표 참여 여부, 기부 경험, 독서량과 같은 사회적으로 권장되는 행동에 대해서는 실제보다 더 많이 했다고 응답하고, 음주량, 흡연량, 혹은 사회적 소수자에 대한 편견과 같은 바람직하지 않은 주제에 대해서는 축소하거나 숨기려는 경향이 나타난다. 면접원이라는 '사회적 존재' 앞에서 자신의 부정적인 측면을 드러내기를 꺼리는 것이다. 반면, 웹이나 우편조사처럼 면접원의 개입 없이 혼자 응답하는 자기 기입식(self-administered) 환경에서는 이러한 사회적 압력이 훨씬 적다. 응답자는 익명성이 보장된다고 느끼기 때문에, 더 솔직하고 진솔한 답변을 할 가능성이 높다. 따라서 동일한 질문이라도 면접원이 있는 모드와 없는 모드 사이에는 민감한 주제에 대한 응답 결과가 체계적으로 다르게 나타날 수밖에 없다.

모드 효과의 제2원인: 정보 전달 방식의 차이

또 다른 중요한 원인은 '정보 전달 방식'의 차이다. 조사 모드에 따라 응답자가 정보를 받아들이는 감각 채널이 다르며, 이는 응답자의 인지적 처리 과정에 직접적인 영향을 미친다.

전화조사는 오직 '청각'에만 의존한다. 따라서 길고 복잡한 질문이나 여러 개의 응답 보기를 불러주면, 응답자는 이를 모두 기억하기 어려워 앞부분이나 뒷부분에 들은 보기에만 집중하는 '순서 효과(order effect)'가 나타나기 쉽다. 특히, 마지막에 들은 보기를 선택하는 경향인 '최신 효과(recency effect)'가 두드러진다.

반면, 웹이나 우편조사는 '시각'을 통해 정보를 전달한다. 응답자는 자신의 속도에 맞춰 질문을 여러 번 읽어볼 수 있고, 모든 응답 보기를 한눈에 비교하며 신중하게 선택할 수 있다. 하지만 동시에, 질문을 꼼꼼히 읽지 않고 대충 훑어보며 응답하는 '불성실 응답'의 위험도 더 크다. 시각 정보가 주어질 때는 목록의 앞부분을 먼저 선택하는 경향인 '초두 효과(primacy effect)'가 나타날 수 있다.

이처럼 각 모드가 가진 정보 처리 방식의 차이는 응답의 인지적 과정에 영향을 미쳐, 결과적으로 서로 다른 응답 패턴을 만들어 낸다. 예를 들어, 척도 질문에서 '매우 만족'부터 '매우 불만족'까지의 보기를 제시할 때, 시각적으로 제시하면 응답자는 전체 척도를 보고 자신의 위치를 결정하지만, 청각적으로만 제시하면 각 보기를 개별적으로 평가하게 되어 다른 결과를 낳을 수 있다.

측정 등가성 확보: 통합 모드 설계를 향하여

모드 효과를 완벽하게 제거하는 것은 불가능하지만, 조사 설계 단계에서 그 영향을 최소화하기 위한 노력은 가능하다. 이를 '측정 등가성(Measurement Equivalence)' 확보 노력이라고 부른다. 핵심은 설문지를 설계할 때, 처음부터 여러 조사 모드의 특성을 모두 고려하여, 어떤 모드에서 응답하더라도 질문이 동일한 의미로 받아들여지고 동일한 인지적 부담을 주도록 만드는 것이다. 이를 '통합 모드 설계(Unified Mode Design)' 원칙이라고 한다.

이 원칙의 핵심 철학은 '가장 제약이 많은 모드를 기준으로 설문지를 설계하라'는 것이다. 즉, 웹이라는 가장 자유로운 모드가 아니라 전화나 우편, 심지어는 모바일 문자 메시지와 같이 가장 기능이 제한적인 모드에서도 질문이 동일하게 이해되고 응답될 수 있도록, 처음부터 설문 전체를 가장 단순하고 보편적인 형태로 만드는 것이다.

예를 들어, 전화조사에서 긴 응답 보기를 불러주는 것이 어렵다는 점을 감안하여, 웹 설문지를 설계할 때도 응답 보기의 수를 5~7개 이내로 제한하고, 간결한 표현을 사용하는 것이다. 반대로, 웹 조사에서 흔히 사용하는 복잡한 그리드형 질문은 전화나 모바일 환경에서는 구현이 거의 불가능하므로, 처음부터 모든 모드에서 동일하게 적용할 수 있는 단순한 형태의 질문으로 개발해야 한다. 또한, 모든 모드에서 응답자가 질문의 의미를 동일하게 이해할 수 있도록, 어려운 용어를 피하고 최대한 쉽고 명확한 단어를 사용하는 것이 중요하다.

이처럼 측정 등가성을 확보하려는 노력은, 특정 모드에 최적화된 화려한 설문이 아니라, 모든 모드에서 일관되게 작동하는 가장 단순하고 강건한 형태의 설문을 지향한다. 이는 마치 다양한 지형에서 달릴 수 있는 오프로드 차량을 만드는 것과 같이, 어떤 조사 환경의 변화에도 흔들리지 않는 튼튼한 측정 도구를 만드는 과정이다.

참고문헌

de Leeuw, E. D.(2005). To mix or not to mix data collection modes in surveys. Journal of official statistics, 21(2), 233.

Tourangeau, R., Rips, L. J., & Rasinski, K.(2000). The psychology of survey response. Cambridge university press.

Vannieuwenhuyze, J., & Loosveldt, G.(2013). Evaluating the mode effect in a mixed-mode survey. Public Opinion Quarterly, 77(4), 963~987.

07

비교 가능한 설문지 설계

혼합조사의 성공은 서로 다른 조사 모드에서 측정의 등가성을 얼마나 잘 확보하는지에 달려있다. 이를 위해, 특정 모드에 최적화된 화려한 설계가 아닌, 모든 모드에서 일관되게 작동하는 가장 단순하고 강건한 형태의 설문을 지향하는 통합 모드 설계(Unified Mode Design) 원칙이 필요하다. 이는 시각적 요소의 사용을 최소화하고, 모든 모드에서 구현 가능한 질문 형식을 채택하며, 응답 범주를 표준화하는 구체적인 기술들을 통해 구현된다.

통합 모드 설계(Unified Mode Design)의 원칙

혼합조사에서 설문지를 설계할 때, 연구자는 종종 딜레마에 빠진다. 웹 조사의 화려한 상호작용 기능을 최대한 활용하여 응답자의 흥미를 끌 것인가, 아니면 전화조사나 우편조사와의 비교 가능성을 위해 단순하고 통일된 형태를 유지할 것인가? '통합 모드 설계(Unified Mode Design)'는 이 딜레마에 대한 명쾌한 답을 제시한다. 그 핵심 철학은 '가장 제약이 많은 모드를 기준으로 설문지를 설계하라'는 것이다. 즉, 웹이라는 가장 자유로운 모드가 아니라, 전화나 우편, 심지어는 모바일 문자 메시지와 같이 가장 기능이 제한적인 모드에서도 질문이 동일하게 이해되고 응답될 수 있도록, 처음부터 설문 전체를 가장 단순하고 보편적인 형태로 만드는 것이다.

이는 마치 다양한 종류의 스마트폰에서 모두 작동하는 앱을 개발할 때, 최고 사양의 최신폰이 아니라 가장 낮은 사양의 구형폰을 기준으로 앱의 기본 기능을 설계하는 것과 같다. 이 접근법은 필연적으로 웹 조사가 가진 고유한 장점들, 예를 들어 드래그 앤 드롭과 같은 동적인 인터페이스나 복잡한 시각적 효과를 포기해야 함을 의미한다. 연구자는 '특정 모드에서의 최적화'라는 매력적인 유혹을 버리고, '모드 간의 비교 가능성'이라는 더 큰 가치를 선택해야 한다. 이러한 의식적인 자기 제약은 모드 효과를 사후에 통계적으로 보정하려는 반응적 전략이 아닌, 설계 단계에서부터 선제적으로 예방하려는 가장 근본적인 접근법이다. 사후 보정은 언제나 특정 통계적 가정에 의존하지만, 선제적 설계는 측정 오류의 발생 자체를 최소화하므로 더욱 과학적으로 강건하다.

시각적 요소의 단순화와 표준화

혼합조사에서 모드 효과가 발생하는 가장 큰 원인 중 하나는 '시각 정보'와 '청각 정보' 사이의 근본적인 차이다. 웹과 우편조사는 응답자가 눈으로 정보를 읽는 '시각적 모드'인 반면, 전화조사는 귀로 정보를 듣는 '청각적 모드'다. 따라서 웹 설문지에 포함된 이미지, 동영상, 브랜드 로고, 복잡한 그래프 등은 전화조사에서는 그 정보를 온전히 전달할 방법이 없다. 만약 특정 질문이 이러한 시각적 요소에 크게 의존한다면, 그 질문은 모드 간 등가성을 확보할 수 없다.

예를 들어, 여러 개의 광고 시안 이미지를 보여 주고 가장 선호하는 것을 고르게 하는 질문은 전화조사로는 수행이 불가능하다. 이러한 문제를 해결하기 위한 첫 번째 원칙은, 가능한 한 시각적 요소에 의존하는 질문을 피하는 것이다. 이는 단순히 이미지나 동영상뿐만 아니라, 특정 단어를 강조하기 위한 굵은 글씨나 기울임꼴과 같은 서식에도 해당된다. 시각적으로는 명확한 강조가 청각적으로는 면접원의 억양에 따라 다르게 전달될 수 있어 일관성을 해치기 때문이다. 만약 시각적 자극물이 연구 목적상 반드시 필요하다면, '모드별 분기 처리'를 고려할 수 있다. 웹이나 우편 응답자에게만 해당 시각 질문을 제시하고, 전화 응답자는 이 질문을 건너뛰게(skip) 하는 방식이다. 하지만 이는 전화 응답자 그룹에서는 해당 문항의 데이터가 모두 결측 처리되어, 향후 복잡한 통계 분석에 제약을 가할 수 있다는 점을 감수해야 한다. 따라서 가장 좋은 방법은 처음부터 모든 모드에서 동일하게 제시될 수 있는 텍스트 기반의 질문을 중심으로 설문지를 구성하는 것이다.

질문 형식의 통일: 그리드 질문의 해체

여러 개의 항목을 동일한 척도로 평가하게 하는 '그리드(Grid)' 또는 '매트릭스(Matrix)' 형태의 질문은 PC 기반의 웹 조사나 종이 설문지에서 공간을 효율적으로 사용하고, 유사한 질문을 반복하는 지루함을 줄여 주는 매우 유용한 형식이다. 하지만 이 형식은 혼합조사에서 가장 큰 골칫거리 중 하나다. 모바일 환경에서는 좁은 화면 때문에 그리드 표가 잘려 보이며, 응답자는 좌우로 스크롤을 해야 하는 큰 불편함을 겪는다. 이는 응답의 질을 떨어뜨리고 (예: 모든 항목에 동일한 응답을 하는 '일직선 응답'), 중도 이탈률을 높이는 주된 원인이 된다.

전화조사에서는 문제가 더욱 심각하다. 응답자는 그리드의 전체 구조를 머릿속에 그려야만 하는데, 이는 엄청난 인지적 부담을 유발한다. 면접원은 매 항목마다 "다음 항목에 대해 매우 동의하십니까, 동의하는 편이십니까, 동의하지 않는 편이십니까, 전혀 동의하지 않으십니까?"와 같이 전체 응답 척도를 기계적으로 반복해야 한다. 이는 매우 부자연스럽고 지루하며, 응답자는 시간이 갈수록 집중력을 잃고 아무렇게나 답할 가능성이 높아진다. 이는 단순히 기억력의 문제를 넘어, 시각적 보조 없이는 여러 항목에 걸쳐 일관된 판단 기준을 유지하기 어렵게 만들어 측정 오류를 증가시킨다. 따라서 통합 모드 설계의 원칙에 따르면, 이러한 그리드형 질문은 반드시 '개별 질문 형태(Item-by-item format)'로 분해되어야 한다. 즉, 하나의 복잡한 표 대신, 각각의 항목을 독립된 질문으로 하나씩 제시하는 것이다.

이러한 형식의 통일화 노력은 돈 딜먼(Don Dillman)이 제시한 '테일러드 디자인(Tailored Design Method)'의 개념과도 맞닿아 있다. 테일러드 디자인은 단순히 설문지를 만드는 기술을 넘어, 응답자의 참여를 사회적 교환 과정으로 이해하고, 응답자가 느끼는 비용(시간, 노력)을 최소화하며 혜택(중요성, 흥미)과 신뢰를 극대화하는 총체적인 접근법을 의미한다. 혼합조사 환경에서 이 원칙을 적용한다는 것은 '모드 효과'라는 또 다른 비용을 최소화하기 위해 설문 형식을 응답자에게 맞춤화(tailor)한다는 의미로 확장될 수 있다. 즉, 모든 응답자가 어떤 모드에서든 최소한의 인지적 노력으로 질문의 의도를 동일하게 파악하고 응답할 수 있도록 문항을 '재단(tailor)'하는 것이다. 그리드 질문을 개별 질문으로 나누는 것은 바로 이러한 테일러드 디자인 철학의 구체적인 구현 예라 할 수 있다. 연구자의 편의나 설문지의 길이를 다소 희생하더라도, 응답자의 인지적 비용을 줄여 데이터의 품질과 과학적 타당성을 우선하겠다는 명확한 선택이다.

응답 범주와 척도의 표준화

측정 등가성은 질문의 형식뿐만 아니라 응답자가 선택하는 응답 범주와 척도에도 동일하게 적용되어야 한다. 모드 간 정보 전달 방식의 차이는 응답자가 처리할 수 있는 정보의 양에 직접적인 영향을 미치기 때문이다.

예를 들어, 10개가 넘는 긴 응답 보기 목록은 PC 웹 화면에서는 한눈에 들어오지만, 전화조사에서는 응답자가 모든 보기를 듣고 기억하는 것이 거의 불가능하다. 전화 응답자는 전체 보기 목록을 자신의 작업 기억(working memory)에 담아두고 비교해야 하는데, 이는 매우 인지적으로 힘든 과업이다. 따라서 통합 모드 설계에서는 전화조사에서 응답자가 무리 없이 기억할 수 있는 5~7개 이내로 응답 범주의 수를 제한하는 것이 일반적이다.

마찬가지로 평가 척도의 표현 방식도 통일해야 한다. 웹에서는 1점부터 10점까지 숫자를 나열하고 양 끝에만 어휘를 붙이는 '숫자 척도'를 쉽게 사용할 수 있지만, 전화조사에서는 각 숫자의 의미가 모호해진다. 따라서 모든 척도 점에 '매우 만족', '약간 만족' 등 명확한 어휘를 붙여주는 '전체 어휘 표기(Fully Labeled)' 방식을 모든 모드에서 일관되게 사용하는 것이 측정 등가성을 높이는 데 매우 중요하다. 결국, 이 장에서 다룬 모든 기법들의 목표는 단 하나다. 즉, 서로 다른 모드에서 얻어진 응답의 차이가 조사 방법 그 자체의 인공적인 효과가 아니라, 응답자의 진정한 의견 차이를 반영하도록 만드는 것이다.

참고문헌

Antoun, C., Couper, M. P., & Conrad, F. G.(2017). From mobile-friendly to mobile-optimized: The effect of mobile-optimized matrix questions on data quality. Public Opinion Quarterly, 81(S1), 280~306.

de Leeuw, E. D., & van der Zouwen, J.(1988). Data quality in telephone and face-to-face surveys: a comparative meta-analysis. In R. M. Groves et al.(Eds.), Telephone survey methodology(pp. 283~299). Wiley.

₩Dillman, D. A., Smyth, J. D., & Christian, L. M.(2014). Internet, phone, mail, and mixed-mode surveys: The tailored design method(4th ed.). Wiley.

Tourangeau, R., Conrad, F. G., & Couper, M. P.(2013). The science of web surveys. Oxford University Press.

08

혼합조사 데이터의 분석

서로 다른 길로 수집된 데이터를 하나의 지도로 합치는 것은 혼합조사 분석의 핵심 과제다. 단순히 데이터를 합치는 것은 심각한 왜곡을 낳을 수 있으므로, 각 모드의 서로 다른 응답자 특성과 모드 효과를 통계적으로 보정하는 정교한 과정이 반드시 필요하다. 가중치 적용부터 고급 통계 모델링까지, 이질적인 목소리들을 어떻게 하나의 진실에 가까운 목소리로 조율하는가를 탐구한다.

데이터 통합과 가중치 부여의 복잡성

여러 다른 모드를 통해 데이터 수집이 완료되면, 분석가는 이질적인 데이터들을 하나의 일관된 데이터세트로 통합해야 하는 첫 번째 과제에 직면한다. 이 과정은 단순히 각 모드의 데이터를 복사해서 붙여 넣는 것 이상을 의미한다. 각 모드에서 사용된 변수명, 코딩 방식, 결측값 처리 규칙 등이 모두 동일한 표준에 따라 통일되어야 한다.

하지만 더 중요한 문제는 '가중치(weighting)'를 어떻게 부여할 것인가다. 가중치는 표본의 편향을 보정하여 모집단을 대표하게 만드는 중요한 절차다. 혼합조사에서는 이 과정이 훨씬 더 복잡해진다. 왜냐하면 각 조사 모드별로 응답률이 다르고 응답자의 특성이 체계적으로 다르기 때문이다.

예를 들어, 순차적 설계에서 1단계 웹 조사에 응답한 사람들과 2단계 전화조사에 응답한 사람들은 이미 다른 집단이다. 따라서 전체 데이터를 합치기 전에, 각 모드별 응답자 표본이 전체 표본 내에서 차지하는 비중과 특성을 고려하여 정교한 가중치를 계산하고 적용해야 한다. 이 과정은 보통 표본 추출 확률을 고려한 설계 가중치, 무응답 특성을 보정한 무응답 가중치, 그리고 최종적으로 알려진 모집단 특성에 맞추는 사후 층화 가중치 등 여러 단계를 거쳐 계산된다. 특히, 동시적 설계처럼 응답자가 모드를 직접 선택한 경우, 어떤 사람들이 어떤 모드를 선택했는지 그 '자기 선택 편향'까지 고려하여 가중치를 조정해야 한다. 이는 고도의 통계적 지식을 요구하는 작업이며, 이 과정의 성패가 최종 분석 결과의 신뢰도를 좌우한다.

모드 효과의 통계적 통제와 분리

데이터가 성공적으로 통합되고 기본적인 가중치가 적용되었다고 하더라도, 여전히 '모드 효과'라는 유령이 데이터 속에 남아 있다. 6장에서 보았듯이, 웹 응답자와 전화 응답자의 의견 차이는 실제 의견 차이와 모드 효과가 뒤섞인 결과일 수 있다. 이 둘을 분리하지 않고 분석하면, 우리는 잘못된 결론에 도달할 수 있다. 따라서 분석 단계에서는 이 모드 효과를 통계적으로 통제하거나 그 크기를 측정하려는 노력이 필요하다.

이를 위한 가장 간단하고 직접적인 방법은 통계 모델(예: 회귀 분석)에 '모드 변수'를 하나의 독립 변수로 포함시키는 것이다. 예를 들어, 정책 지지도를 분석하는 모델에 '웹 응답자=0, 전화 응답자=1'과 같은 가변수를 추가한다. 만약 이 모드 변수의 계수가 통계적으로 유의미하게 나타난다면, 이는 다른 모든 변수(성별, 연령, 소득 등)를 통제한 후에도, 전화 응답자가 웹 응답자에 비해 평균적으로 정책 지지도가 더 높거나 낮다는 '순수한 모드 효과'가 존재함을 의미한다.

이러한 분석은 실제 조사에서 다음과 같이 활용될 수 있다. 한 정부 기관이 새로운 환경 정책에 대한 국민 지지도를 파악하기 위해 웹과 전화조사를 병행했다고 가정해보자. 초기 분석 결과, 웹 응답자의 지지율은 65%인 반면 전화 응답자의 지지율은 55%로 10%p의 차이가 나타났다. 분석가는 이 차이의 원인을 규명하기 위해, 정책 지지도를 종속 변수로 하는 회귀 분석을 실시했다. 모델에는 연령, 성별, 학력, 소득 등과 함께 '전화 응답 여부(전화=1, 웹=0)'라는 모드 변수를 투입했다. 분석 결과, 다른 모든 변수를 통제한 후에도 '전화 응답' 변수의 회귀 계수가 통계적으로 유의미한 음수 값(-4.5)을 보였다. 이는 응답자의 인구통계학적 특성 차이를 제외하더라도, 단지 전화로 응답했다는 사실만으로 정책 지지도가 평균 4.5%p 낮아지는 순수한 모드 효과가 존재함을 시사한다. 연구자는 이를 통해, 관찰된 10%p 차이 중 약 절반은 모드 효과에 기인하며, 나머지 절반은 웹과 전화 응답자 간의 실제 특성 차이 때문이라고 더 정교하게 해석할 수 있다.

자기 선택 편향의 해결: 성향 점수 매칭의 활용

동시적 설계에서 발생한 자기 선택 편향 문제를 해결하기 위한 더 정교한 접근법도 있다. 그중 대표적인 것이 '성향 점수 매칭(Propensity Score Matching, PSM)'이다. PSM의 기본 아이디어는 웹을 선택한 응답자와 전화/우편을 선택한 응답자 그룹 사이에, 관찰 가능한 모든 특성(성별, 연령, 교육 수준 등)이 유사한 '쌍둥이'들을 찾아내는 것이다. 이 과정은 두 단계로 이루어진다. 첫째, 성별, 연령, 교육 수준 등 관찰 가능한 모든 특성을 독립 변수로 사용하여, 특정 응답자가 웹을 선택할 확률(성향 점수)을 예측하는 통계 모델(주로 로지스틱 회귀 분석)을 만든다. 둘째, 이 모델을 통해 계산된 성향 점수를 바탕으로, 웹 응답자 그룹의 한 사람과 그와 거의 동일한 성향 점수를 가진 전화/우편 응답자 그룹의 한 사람을 '짝'을 지어준다. 이렇게 매칭된 수많은 쌍들을 비교함으로써, 우리는 응답자의 인구통계학적 특성 차이를 통제하고, 두 그룹 간의 응답 차이가 오직 '모드' 자체의 효과 때문이라고 더 강력하게 추론할 수 있게 된다.

이러한 접근법을 실제 시장조사에 적용해 보자. 한 기업이 신제품 콘셉트에 대한 소비자 선호도를 조사하며 응답자에게 멀티미디어를 활용한 웹 조사와 전통적인 우편조사 중 하나를 선택하게 했다(동시적 설계). 그 결과 웹 응답자의 선호도가 우편 응답자보다 월등히 높게 나타났다. 하지만 연구진은 '원래부터 신제품에 관심이 많은 혁신적인 소비자들이 웹 조사를 선택했을 것'이라는 자기 선택 편향을 의심했다. 이 편향을 통제하기 위해, 연구진은 모든 응답자의 연령, 소득, 과거 제품 구매 이력, 멤버십 등급을 이용해 웹 조사를 선택할 '성향 점수'를 계산했다. 그 후, 각 웹 응답자마다 그와 성향 점수가 거의 동일한 우편 응답자를 찾아내어 수백 개의 '통계적 쌍둥이'로 구성된 새로운 데이터세트를 만들었다. 이 매칭된 데이터세트를 분석한 결과, 두 그룹 간의 선호도 차이는 처음보다 크게 줄어들었다. 이를 통해 연구진은 "초기에 관찰된 큰 차이의 상당 부분은 자기 선택 편향 때문이었으며, 멀티미디어 제시 방식 자체의 순수한 효과(모드 효과)는 그보다 작다"는 결론을 내릴 수 있었다.

더 심층적인 분석과 투명한 보고

모드 효과를 더 심층적으로 다루기 위한 고급 통계 기법들도 있다. '잠재 계층 분석(Latent Class Analysis)'은 모드 선택이 관찰되지 않는 잠재적인 집단의 특성에 의해 결정된다고 가정하고, 전체 응답자를 몇 개의 동질적인 하위 집단으로 분류한 뒤, 각 집단 내에서 모드 효과가 어떻게 다르게 나타나는지를 분석하는 방법이다. 이 기법은 연구자가 미리 집단을 가정할 필요 없이, 데이터 스스로가 의미 있는 하위 집단(예: '기술 회피적 고령층', '적극적 디지털 시민' 등)을 드러내게 한다는 장점이 있다.

이러한 고급 기법들은 혼합조사 데이터 분석의 과학적 엄격함을 한 단계 끌어올린다. 하지만 어떤 정교한 통계 기법을 사용하든, 가장 중요한 것은 분석 과정의 투명성이다. 연구자는 최종 보고서나 논문에서 자신이 어떤 방식으로 데이터를 통합하고 가중치를 부여했으며, 모드 효과를 어떻게 처리했는지 모든 과정을 명확하게 밝혀야 할 의무가 있다. 여기에는 가중치 계산 공식, 회귀 분석이나 PSM에 사용된 변수 목록, 그리고 모드 효과의 크기와 유의성 등 구체적인 분석 결과를 모두 포함해야 한다. 이러한 투명성이야말로 복잡한 혼합조사 데이터 분석 결과에 대한 신뢰를 담보하는 마지막 필수 요건이다. 분석 과정은 연구의 결론을 뒷받침하는 핵심적인 서사이며, 그 서사가 얼마나 투명하고 논리적인가가 연구 전체의 설득력을 결정한다.

참고문헌

Rosenbaum, P. R., & Rubin, D. B.(1983). The central role of the propensity score in observational studies for causal effects. Biometrika, 70(1), 41~55.

Schouten, B., Cobben, F., & Bethlehem, J.(2009). Indicators for the representativeness of survey response. Survey Methodology, 35(1), 101~113.

Vannieuwenhuyze, J., Loosveldt, G., & Molenberghs, G.(2010). A method for evaluating mode effects in mixed-mode surveys. Public Opinion Quarterly, 74(5), 1027~1045.

09

혼합조사의 실제

혼합조사는 더 이상 이론이 아닌 현실이다. 미국의 ACS는 웹-우편-전화-대면으로 이어지는 정교한 순차적 설계를 통해 국가 통계의 패러다임을 바꿨다. 유럽의 ESS는 각국의 현실에 맞는 유연한 설계를 허용하되, 엄격한 품질 기준으로 데이터의 비교 가능성을 확보했다. 이들의 성공은 혼합조사가 설계의 과학이자 투명성의 철학임을 증명한다.

미국 지역사회조사: 국가 통계의 새로운 표준

미국 통계 시스템의 심장부라 할 수 있는 미국 지역사회조사(American Community Survey, ACS)는 혼합조사가 어떻게 국가의 핵심적인 데이터 인프라로 기능할 수 있는지를 보여 주는 가장 대표적이고 거대한 사례다. 과거 미국은 10년마다 한 번씩 모든 가구를 대상으로 상세한 정보를 묻는 '인구주택총조사 장표(Long Form)'를 실시했다. 하지만 10년이라는 주기는 급변하는 사회를 따라잡기에 너무 길다는 비판에 직면했다. 이에 따라 미국 인구조사국은 2005년부터 매년 약 350만 가구를 대상으로 하는 대규모 연례 조사인 ACS를 도입하여, 장표를 대체하고 더 시의성 있는 데이터를 생산하기 시작했다.

이 거대한 규모의 조사를 매년 수행하기 위해, ACS는 처음부터 정교한 순차적 혼합조사 설계를 채택했다. ACS의 조사 과정은 다음과 같이 진행된다. 먼저, 주소 기반 표집(Address-Based Sampling, ABS)을 통해 선정된 모든 가구에게 1단계로 웹 조사 참여를 요청하는 안내 편지를 발송한다. 이는 가장 비용이 저렴한 방식으로 최대한 많은 응답을 확보하기 위함이다. 일정 기간 웹 조사에 응답하지 않은 가구에게는, 2단계로 종이 설문지를 동봉한 우편조사 패키지를 발송한다. 그럼에도 불구하고 응답하지 않은 가구의 일부를 다시 표본으로 추출하여, 3단계로 전화조사를 통해 숙련된 면접원이 직접 응답을 요청한다. 마지막으로, 전화로도 접촉이 되지 않거나 응답을 거부한 소수의 '끈질긴 비응답자' 가구의 일부를 다시 표본으로 추출하여, 4단계로 최고 수준의 면접원이 직접 가구를 방문하는 대면조사를 실시한다.

이처럼 '웹 → 우편 → 전화 → 대면'으로 이어지는 4단계의 순차적 설계는 조사 비용을 효율적으로 관리하는 동시에 다양한 계층의 응답을 최대한 이끌어내어 응답률과 대표성을 극대화하려는 정교한 전략이다. ACS의 성공은 혼합조사가 국가 단위의 대규모 통계 생산에 가장 현실적이고 강력한 대안임을 전 세계에 증명했다.

유럽사회조사: 비교 가능성을 향한 유연한 표준

유럽 20~30개국을 대상으로 2년마다 수행되는 유럽사회조사(European Social Survey, ESS)는 서로 다른 환경에 처한 여러 국가에서 어떻게 '비교 가능한' 데이터를 생산할 수 있는지에 대한 중요한 통찰을 제공한다. ESS의 핵심 철학은 모든 국가에 획일적인 조사 모드를 강요하는 것이 아니라 '목표는 통일하되, 방법은 각국의 현실에 맞게 최적화'하도록 하는 유연한 접근법이다.

즉, ESS 중앙팀은 '95% 신뢰 수준에서 유효 표본 1500명 확보', '최소 응답률 70% 달성' 등 모든 국가가 반드시 지켜야 할 엄격한 '품질 목표'를 제시한다. 하지만 그 목표를 달성하기 위한 구체적인 조사 방법, 즉 혼합조사의 설계 방식은 각 국가의 조사 환경과 예산, 문화적 특성을 고려하여 자율적으로 결정하도록 허용한다.

예를 들어, 전통적으로 대면조사 인프라가 잘 갖추어져 있고 응답률이 높은 독일이나 스위스와 같은 국가들은 여전히 엄격한 확률 표집에 기반한 대면조사를 기본으로 한다. 반면, 넓은 국토 면적 때문에 대면조사 비용이 매우 비싼 노르웨이나 스웨덴 같은 북유럽 국가들은 전화조사와 웹 조사를 결합한 혼합조사 방식을 적극적으로 활용한다. 네덜란드는 자국의 고품질 확률 기반 온라인 패널(LISS)을 활용하기도 한다. 중요한 것은, 어떤 방식을 사용하든 각 국가 팀은 자신들이 선택한 방법론의 모든 과정을 상세히 문서화하고, 그로 인해 발생할 수 있는 잠재적 편향(모드 효과 등)을 분석하여 중앙팀에 보고해야 한다는 점이다. ESS는 이러한 '통제된 유연성'을 통해 각국의 특수성을 존중하면서도 최종적으로는 유럽 전체를 아우르는 비교 가능한 고품질의 데이터를 생산해 내는 데 성공하고 있다. 이는 다국가 비교 연구에서 혼합조사를 어떻게 현명하게 적용할 수 있는지에 대한 중요한 모델을 제시한다.

한국의 상황: 혼합조사 도입의 어려움과 과제

그렇다면 한국의 상황은 어떠한가? ACS나 ESS와 같은 대규모의 성공적인 혼합조사 사례는 아직 찾아보기 어렵다. 물론 통계청의 인구주택총조사나 경제활동인구조사 등에서 인터넷 조사를 병행하는 혼합조사를 시도하고는 있지만, 민간 영역의 여론 조사나 학술 조사에서는 그 도입이 더딘 편이다. 여기에는 몇 가지 구조적인 이유가 존재한다.

첫째, 고품질의 주소기반표집틀(ABS) 부재다. ACS 성공의 핵심 기반은 미국 우편국(USPS)이 제공하는 최신의 전국 주소 목록이다. 이를 통해 모든 가구에 우편으로 조사 참여를 요청하는 '웹 푸시' 방식이 가능하다. 하지만 한국에서는 이와 같이 공적으로 이용 가능한 전국 단위의 최신 주소 데이터베이스가 없다. 행정안전부의 주민등록 자료가 있지만, 이는 매우 민감한 개인정보로 민간 조사 회사가 표본 추출을 위해 접근하는 것이 법적으로나 사회적으로 거의 불가능하다. 이 표집틀의 부재는 혼합조사, 특히 웹 조사의 포괄 범위를 높이는 데 가장 큰 걸림돌로 작용한다.

둘째, 전화조사에 대한 높은 의존도와 관성이다. 한국의 여론 조사 시장은 오랫동안 유선전화와 휴대전화 RDD를 결합한 전화조사 방식을 표준으로 사용해 왔다. 이 방식은 주소 기반 표집틀이 없어도 전국적인 표본을 구성할 수 있고, 웹 조사에 비해 고령층의 의견을 반영하기 용이하며, 무엇보다 상대적으로 빠르고 저렴하다는 장점이 있다. 많은 조사 기관과 언론사들이 이 방식에 최적화된 시스템과 인력을 갖추고 있어, 복잡하고 비용이 더 들 수 있는 혼합조사로의 전환에 소극적인 경향이 있다.

셋째, 비용과 복잡성의 문제다. 혼합조사는 단순히 여러 방법을 섞는 것이 아니라, 각 모드의 편향을 통계적으로 보정하는 복잡한 데이터 처리 과정을 요구한다. 이는 고도의 통계적 전문성과 추가적인 분석 비용을 필요로 한다. 속도와 비용을 중시하는 국내 조사 환경에서는 이러한 추가적인 투자가 쉽지 않은 현실이다.

도전과 교훈: 무엇이 성공을 이끄는가

이러한 성공 사례들과 한국의 현실은 우리에게 몇 가지 중요한 교훈을 준다. 첫째, 성공적인 혼합조사는 단순히 여러 방법을 기계적으로 섞는 것이 아니라 조사의 목표와 주어진 제약 조건 속에서 최적의 조합을 찾아내는 '설계의 과학'이라는 점이다. ACS는 비용 효율성을, ESS는 비교 가능성을 최우선 목표로 두고, 그에 맞는 정교한 설계를 구현했다.

둘째, 조사 모드의 전환은 점진적이고 신중하게 이루어져야 한다. ACS와 ESS 모두 새로운 기술(웹)을 도입할 때, 기존의 방법(대면, 전화)을 즉시 폐기하지 않았다. 대신, 두 모드를 병행하며 그 효과와 편향을 수년간 면밀히 연구하고, 시계열 데이터의 일관성을 해치지 않는 선에서 점진적으로 전환을 추진했다.

셋째, 투명성이 신뢰의 기반이다. 이들 조사는 자신들의 성공적인 측면뿐만 아니라 각 모드의 응답률, 포함 오류, 그리고 잠재적인 모드 효과와 같은 방법론적 한계를 모든 데이터 이용자에게 투명하게 공개한다. 조사 방법론에 대한 상세한 보고서를 발간하고, 원자료(microdata)와 함께 데이터 수집 과정에 대한 모든 정보를 제공함으로써, 외부 연구자들이 그 결과를 검증하고 비판할 수 있도록 한다. 이러한 정직성이야말로, 복잡한 혼합조사 결과에 대한 사회적, 학문적 신뢰를 구축하는 가장 중요한 토대가 된다.

참고문헌

백지선 외(2017). 혼합조사의 모드효과 추정: 선택효과와 측정효과의 분리 방법. 통계연구, 22(3), 1~24.

Jowell, R. et al.(Eds.)(2007). Measuring attitudes cross-nationally: Lessons from the European Social Survey. Sage.

U.S. Census Bureau.(n.d.). American Community Survey(ACS) Design and Methodology.

10

혼합조사의 미래

혼합조사의 미래는 전통적인 조사 모드의 결합을 넘어, 설문 데이터와 행정 자료, 빅데이터를 융합하는 새로운 패러다임으로 향하고 있다. 응답자의 부담을 획기적으로 줄이고 측정의 정확성을 높일 이 데이터 융합은 엄청난 잠재력을 가졌지만, 동시에 개인정보 보호와 데이터 윤리라는 거대한 과제를 우리에게 던진다.

설문조사의 한계를 넘어: 데이터 융합의 시대

지금까지 우리가 논의한 혼합조사는 주로 '설문조사'라는 틀 안에서의 여러 가지 데이터 수집 방식(웹, 전화, 우편, 대면)의 조합에 초점을 맞추었다. 하지만 미래의 혼합조사는 이 틀 자체를 넘어서는 방향으로 진화하고 있다. 즉, 연구자가 직접 질문하여 얻어내는 '설문 데이터(Survey Data)'를 이미 다른 목적을 위해 수집되어 존재하는 '비설문 데이터(Non-survey Data)'와 결합하는 것이다. 이러한 '데이터 융합(Data Fusion)'은 설문조사가 가진 본질적인 한계, 즉 응답자의 기억에 의존하고, 사회적 바람직성 편향에 취약하며, 측정할 수 있는 정보의 양에 한계가 있다는 문제점들을 극복할 수 있는 강력한 대안을 제시한다.

이러한 융합의 대상이 되는 비설문 데이터는 크게 두 종류다. 하나는 정부 기관이 보유한 '행정 자료(Administrative Data)'이고, 다른 하나는 민간 기업이 생성하는 '빅데이터(Big Data)'다. 예를 들어, 설문조사를 통해 파악한 개인의 주관적인 건강 상태 인식을, 국민건강보험공단의 실제 진료 기록이라는 객관적인 행정 자료와 연계할 수 있다. 또한 설문에서 응답한 소비 태도를, 신용카드 회사의 실제 거래 기록이라는 빅데이터와 결합하여 검증할 수 있다. 이처럼 서로 다른 종류의 데이터를 결합함으로써, 우리는 인간의 태도와 실제 행동 사이의 관계를 훨씬 더 정확하고 깊이 있게 이해할 수 있게 된다. 이는 사회를 이해하는 우리의 능력을 한 차원 끌어올리는 조사 방법론의 새로운 혁명이다.

행정 자료와의 결합:
응답 부담 감소와 정확성 향상

미래 혼합조사의 가장 현실적이고 강력한 파트너는 정부의 '행정 자료'다. 국세청의 소득세 자료, 고용노동부의 고용보험 이력, 교육부의 학적 자료, 건강보험공단의 의료기록 등은 이미 존재하는 고품질의 종단적 데이터다. 만약 조사 대상자의 사전 동의를 얻어, 이들의 설문 응답을 이러한 행정 자료와 개인 식별 번호를 통해 연계할 수 있다면, 조사 패러다임은 근본적으로 바뀔 수 있다.

가장 큰 변화는 '응답 부담의 획기적인 감소'다. 우리는 더 이상 설문조사에서 응답자의 기억에 의존하여 "지난 1년간 소득이 얼마였습니까?" 또는 "과거에 어떤 직장에 다니셨습니까?"와 같은 민감하고 답하기 어려운 질문을 할 필요가 없어진다. 이는 응답자의 피로도를 줄여 설문 중도 이탈이나 장기적인 패널 탈락을 막는 데 크게 기여한다.

동시에, '데이터의 정확성'은 비교할 수 없을 정도로 높아진다. 기억의 오류나 의도적인 축소/과장 보고의 가능성이 원천적으로 제거되기 때문이다. 예를 들어, 특정 교육 정책의 장기적인 효과를 연구한다고 가정해 보자. 기존 방식이라면 10년, 20년 동안 동일한 사람들을 추적하며 매번 그들의 소득과 직업을 설문으로 물어야 했다. 하지만 행정 자료와 연계한다면, 연구자는 설문을 통해 정책에 대한 '인식'이나 '만족도'와 같은 주관적인 부분만 묻고, 실제 '소득 변화'나 '고용 상태'와 같은 객관적인 결과는 국세청과 고용노동부의 데이터를 통해 정확하게 파악할 수 있다. 덴마크나 핀란드와 같은 북유럽 국가들은 이미 인구, 고용, 복지 등 대부분의 사회 통계를 별도의 조사 없이, 여러 행정 자료를 연계한 '등록 기반 통계(Register-based Statistics)'로 생산하고 있으며, 이는 미래 통계 시스템의 발전 방향을 보여 준다.

빅데이터와의 융합: 실시간성과 새로운 통찰, 그리고 위험

민간 영역에서 생성되는 '빅데이터'는 행정 자료와는 또 다른 차원의 가능성을 제시한다. 신용카드 거래 내역, 스마트폰 앱 사용 기록, 소셜 미디어 활동, GPS 이동 경로 등은 사람들의 실제 행동과 관심사를 거의 '실시간'으로, 그리고 매우 '세분화된(granular)' 수준으로 보여 준다.

이러한 융합은 사회 현상에 대한 우리의 이해를 근본적으로 바꿀 수 있다. 가령, 한 도시의 대기오염 개선 정책 효과를 평가하는 연구를 생각해 보자. 연구팀은 시민들을 대상으로 정책 인지도와 건강에 대한 주관적 인식을 묻는 설문조사를 실시한다. 동시에, 이들의 동의를 얻어 두 가지 빅데이터를 결합한다. 첫째는 통신사의 기지국 데이터를 활용한 유동 인구 데이터이고, 둘째는 교통카드 사용 내역 데이터다. 이 세 가지 데이터를 융합하면 "정책 시행 이후, 대기오염이 심한 날 실제로 시민들의 야외 활동(유동 인구)이 줄어들었는가?", "대중교통 이용(교통카드)은 얼마나 증가했는가?" 그리고 "이러한 행동 변화가 정책을 긍정적으로 인식하는(설문) 시민들에게서 더 뚜렷하게 나타나는가?"와 같은 복합적인 질문에 답할 수 있게 된다.

하지만 빅데이터 융합은 그 가능성만큼이나 큰 '위험'을 내포한다. 가장 큰 문제는 '프라이버시 침해'다. 개인의 일거수일투족을 담고 있는 빅데이터는 잘못 사용될 경우 심각한 감시와 통제의 도구가 될 수 있다. 또한 빅데이터는 특정 서비스를 이용하는 사람들로 심하게 '편향'되어 있으며, 데이터의 수집 및 처리 과정이 투명하지 않은 '블랙박스'인 경우가 많아 그 품질을 신뢰하기 어렵다. 따라서 빅데이터는 설문조사를 대체하는 것이 아니라 설문조사를 통해 얻은 대표성 있는 정보의 맥락을 풍부하게 하거나, 새로운 가설을 탐색하기 위한 '보완재'로서 매우 신중하게 접근해야 한다. 기술의 유혹에 빠져 데이터 윤리라는 가장 중요한 가치를 잃지 않도록 끊임없는 성찰이 요구된다.

미래 혼합조사의 과제: 기술, 윤리, 사회적 합의

결론적으로, 혼합조사의 미래는 기술적으로는 더욱 다양한 데이터 소스를 결합하는 '데이터 융합'으로, 전략적으로는 조사 과정을 실시간으로 최적화하는 '적응적 조사 설계'로 향하고 있다. 이러한 진화는 과거에는 상상할 수 없었던 방식으로 사회를 이해할 수 있는 강력한 힘을 우리에게 제공할 것이다.

하지만 이러한 기술적 발전은 우리에게 더 무거운 윤리적, 사회적 책임을 요구한다. 여러 데이터 소스를 개인 단위에서 결합할 때, 우리는 어떻게 응답자의 사전 동의를 투명하게 얻고, 그들의 프라이버시를 철저히 보호할 것인가? 인공지능이 데이터 수집과 분석 과정을 자동화할 때, 그 과정의 투명성과 공정성은 어떻게 담보할 것인가? 특히, 알고리즘이 특정 집단에게 불리한 결정을 내리는 '알고리즘 편향'의 문제는 데이터 융합 시대에 더욱 중요한 윤리적 과제가 될 것이다.

기술의 발전이 사회적 합의와 제도적 장치를 앞서나가는 지금, 연구자는 데이터 과학자 이전에 인간과 사회를 존중하는 윤리학자가 되어야 한다. 미래 혼합조사의 성공 여부는 결국 기술의 정교함이 아니라 그 기술을 사용하는 우리의 사회적 지혜와 윤리적 성숙도에 달려있을 것이다.

참고문헌

Couper, M. P.(2013). Is the sky falling? The future of household survey. WAPOR Conference, Boston, MA.

Groves, R. M.(2011). Three eras of survey research. Public Opinion Quarterly, 75(5), 861~871.

Salganik, M. J.(2018). Bit by bit: Social research in the digital age. Princeton University Press.

Wallgren, A., & Wallgren, B.(2014). Register-based statistics: Statistical methods for administrative data. Wiley.

오승호

20여 년간 조사회사에서 '서베이 컨설턴트'로 일하고 있다. 한국외국어대학교 러시아어과에서 학사학위를, 서강대학교 정치외교학과에서 석사학위를 받았다. 대학 2학년 시절 정치학 방법론 강의에서 설문지 작성에 대한 강의에 큰 흥미를 느꼈고, 이후 관련 일을 업으로 삼고자 사회 조사분석사 2급(2002.11.11)을 취득했다. 저서로는 《설문지 작성법》(2026)이 있고, 연구 논문으로는 "웹기반 선거여론조사의 쟁점과 신뢰성 제고방안 연구"(조성겸·오승호. 2021), "Web Survey Sampling Methods that Minimize Political Bias: PPS with Benchmarking Weight as a Size Variable"(Park Seunghwan·Oh Seungho, 2024 WAPOR CONFERENCE) 등이 있다. 서베이 방법론에 전반적으로 관심이 많으며, 특히 웹서베이에 대한 열정은 '덕후' 수준이라는 주위의 평가를 듣곤 한다. 서베이 방법론과 관련해 개인 블로그(https://method-survey.blogspot.com/)도 운영하고 있다.